TANJA GRUBER

MEINE GLUTENFREIE LIEBLINGSBÄCKEREI

TANJA GRUBER

MEINE *glutenfreie* LIEBLINGSBÄCKEREI

Mit Fotos von Stefanie Stahl

KNEIPP
VERLAG WIEN

Haftungsausschluss

Die Ratschläge in diesem Buch wurden von der Autorin und vom Verlag sorgfältig geprüft, dennoch kann keine Garantie für etwaige negative Auswirkungen übernommen werden. Eine Haftung der Autorin bzw. des Verlages für Personen-, Sach- und Vermögensschäden ist ausgeschlossen.
Alle Rezepte und Erläuterungen in diesem Buch richten sich an Zöliakiebetroffene mit Laktosemalabsorption, Milcheiweißunverträglichkeit und/oder sekundärer, also erworbener Fruktosemalabsorption (intestinale Fruktoseintoleranz). Sie sind nicht geeignet für Patienten mit primärer, hereditärer Fruktoseintoleranz; diese müssen gänzlich auf Fruktose verzichten.

STYRIA
BUCHVERLAGE

Wien – Graz – Klagenfurt

in der Verlagsgruppe Styria GmbH & Co KG
Lobkowitzplatz 1, 1010 Wien, Austria
office@styriabooks.at

ISBN 978-3-7088-0743-0

Bücher aus der Verlagsgruppe Styria gibt es in jeder Buchhandlung und im Online-Shop www.styriabooks.at

Layout: designation e.U., Klagenfurt
Covergestaltung: Emanuel Mauthe

Druck und Bindung: GPS group
Printed in Europe
7 6 5 4

MIX
Papier | Fördert gute Waldnutzung
FSC® C118234

INHALT

VORWORT

Liebe Leserin, lieber Leser,

Das Wort „glutenfrei" ist seit einigen Jahren in (fast) aller Munde. Es begegnet uns auf Lebensmittelverpackungen, in Magazinen, im Radio und selbst im TV wird das Thema der glutenfreien Ernährung aufgegriffen. Wurde aber einmal die Diagnose „Zöliakie" erstellt, kommt man um die Bezeichnung „glutenfrei" ohnehin nicht mehr herum – und es lässt sich anfänglich nicht im Entferntesten erahnen, wie ausgeprägt und stetig sie einem begegnen wird! Bei Zöliakie bedeutet die glutenfreie Ernährung nicht nur eine zeitweise Ernährungsumstellung, sondern den lebenslangen und konsequenten Verzicht auf glutenhaltige Produkte. Die Symptome der oft jahrelang unentdeckten Zöliakie schwächen den Körper in psychischer und körperlicher Hinsicht und so bringt einzig der Verzicht auf glutenhaltige Lebensmittel Linderung und Heilung.

Wie schmerzhaft sich eine unentdeckte Zöliakie auswirkt, musste ich bereits im Kindesalter erfahren. Im Alter von etwa 11 Jahren zeigten sich, zuerst schleichend, die ersten Symptome. Bauchschmerzen und Verdauungsstörungen, Infektanfälligkeit und bleierne Müdigkeit gehörten zu meinem Alltag. So begann der leidvolle Weg, der sich über gut 10 Jahre ziehen sollte. Während dieser Zeit fand ich mich meist wöchentlich bei verschiedenen Ärzten ein. Viele Diagnosen wurden gestellt, die sich nach kurzer Zeit als Fehldiagnosen entpuppten. So wurde zum Beispiel eine Appendektomie vorgenommen, aber die Bauchschmerzen blieben. Langwierige Candidabehandlungen erwiesen sich anfänglich als äußerst positiv, da ich auf Weißmehlprodukte verzichtete und mich hauptsächlich von Reis, Kartoffeln und Gemüse ernährte, die ja von Natur aus glutenfrei sind. War jedoch eine Candidakur abgeschlossen, so stellten sich die Symptome binnen kürzester Zeit wieder ein! Im Lauf der Jahre machten sich Vitamin- und Mineralstoffmängel bemerkbar, die durch Haarausfall, Blässe und ständige Infekte sichtbar wurden. Noch heute ist mir das besonders hohe Schlafbedürfnis in Erinnerung! Die bleierne Müdigkeit hatte mich fest im Griff und machte mir den Alltag oft unerträglich. Die Jahre vergingen und die Symptome verstärkten sich zusehends. Mein äußeres Erscheinungsbild wäre für die Schulmedizin ein Klassiker gewesen: typisch aufgetriebener Bauch, dünne Gliedmaßen, schneeweißes Gesicht mit tiefen Augenringen, aber die Diagnose Zöliakie wurde viele Jahre nicht in Erwägung gezogen.

Erst im Alter von 22 Jahren kam die erlösende Diagnose „Zöliakie". Endlich! Das Kind hatte einen Namen! Anfänglich stand ich der neuen Diagnosestellung noch skeptisch gegenüber: Wird es sich wieder als Fehldiagnose entpuppen? Zu oft wurde ich in all den Jahren enttäuscht, wenn ein Behandlungserfolg nicht einsetzte oder nur von kurzer Dauer war. Nun denn, ich ließ mich auf die Diagnose ein und war guter Hoffnung, nun Medikamente für eine rasche Genesung zu erhalten! Aber weit gefehlt – ich erhielt eine Überweisung zur Ernährungsberatung und hatte keinen Schimmer, was mich erwarten würde. Bei der Ernährungsberatung angekommen, platzte die anfängliche Zuversicht hinsichtlich einer raschen und unkomplizierten Genesung binnen weniger Minuten wie eine Seifenblase und ein Schockzustand fuhr mir durch die Glieder! Ich konnte es nicht glauben, dass mich „unser täglich Brot" derart krank macht! Und wie sollte ich mich nun ernähren? Auf der Liste, welche Lebensmittel verboten sind, war so ziemlich alles notiert, von dem ich mich bis dahin ernährt hatte: Brot, Kuchen, Kekse, Torten, Pizza, Nudeln und vieles mehr. Zu

Hause angekommen erzählte ich meinen Eltern ausführlich von meiner „Krankheit“. Hinzufügen muss ich, dass ich paradoxerweise aus einer Müllerfamilie stamme! Das heißt, mein Vater war Müller mit Leib und Seele und stellte Jahrzehnte Mehl in glutenhaltiger Form im heimischen Betrieb her. Die erste Reaktion meines Vaters lässt sich sicher erahnen: Nein, sein Produkt, das Mehl, macht keinen Menschen derart krank! Aber auch er widerrief seine Meinung und freute sich sehr, dass es mir durch die glutenfreie Ernährung zusehends besser ging.

Die glutenfreie Ernährung – für mich als begeisterte Köchin und Bäckerin anfänglich eine totale Katastrophe, etwa mit Backergebnissen, die schlimmer nicht hätten sein können! An meinen ersten selbst gebackenen Kuchen kann ich mich noch gut erinnern! Ich nahm ein glutenhaltiges Rezept für Marmorkuchen und ersetzte den Mehlanteil 1:1 durch Maismehl. Wer schon einmal glutenfrei gebacken hat, kann sich vorstellen, wie das Backergebnis ausgefallen ist. Der Kuchen war derart trocken, dass man selbst mit viel Flüssigkeit kaum ein Stück herunterbekam! Die Krümel blieben einem im Hals stecken! Auch bei Brötchen, Brot und Keksen waren die Ergebnisse niederschmetternd und so legte ich mein liebstes Hobby, das Kochen und Backen, für einige Monate nieder. Nur noch für den Mülleimer in der Küche zu stehen machte keinen Spaß! Allerdings entpuppte sich die glutenfreie Ernährung bis dorthin als ziemlich eintönig und so entschloss ich mich, erneut ans Werk zu gehen. Mit viel Übung und Geduld stellten sich mit der Zeit leckere Backwaren ein. Die Anforderungen der neuen Mehle mussten zwingend berücksichtigt und das glutenfreie Backen neu erlernt werden.

Nun lebe ich bereits seit vielen Jahren glutenfrei, auch die beiden Diagnosen Laktose- und Fruktoseintoleranz, die ich nach der Zöliakiediagnose erhielt, wurden berücksichtigt. Die Symptome der Intoleranzen haben sich gelegt und die glutenfreie Ernährung ist für mich fester Bestandteil meines Lebens. Heute stehe ich leidenschaftlich gerne in der Küche, arbeite neue glutenfreie Rezepte aus und veröffentliche diese über meinen Blog „Tanja's glutenfreies Kochbuch“ unter *www.rezepte-glutenfrei.de.* Zu verschiedenen Rezepten gibt es Videos, die ich über meinen YouTube-Kanal zeige, um so das glutenfreie Backen noch anschaulicher werden lassen. Und Interessierte könnten auch an meinen glutenfreien Koch- und Backkursen teilnehmen. Es ist wunderbar, zu sehen, wie erleichtert betroffene Personen sind, sobald sie erkennen, dass die glutenfreie Bäckerei kein Hexenwerk ist. Zöliakiebetroffene schöpfen neuen Lebensmut und Motivation aus den lehrreichen Kursen und jedes neue und gelingsichere Rezept bringt ein Stück Lebensqualität in den glutenfreien Alltag.

Die glutenfreie Ernährung erfordert, zugegeben, gerade anfänglich ein hohes Maß an Information und Geduld! Bis alle Glutenquellen erkannt sind, der Einkauf im Supermarkt zur Routine wird und vor allem das glutenfreie Backen gelingt, muss man sich intensiv mit dem Thema beschäftigen. Jedoch kann ich Ihnen versichern, dass die Thematik der Zöliakie nach kurzer Zeit verinnerlicht ist und sich mit etwas Übung rasch wunderbare glutenfreie Backwaren herstellen lassen. Schöpfen Sie aus diesem Buch, mit all seinen Informationen und Rezepten, Mut und Inspiration und Sie werden schnell feststellen, wie schmackhaft glutenfreie Bäckerei sein kann!

Mir ist es eine Herzensangelegenheit, Ihnen mit diesem Buch das glutenfreie Backen so einfach wie möglich zu machen, und so wünsche ich Ihnen eine leichte Ernährungsumstellung, rasche Genesung und viel Freude beim Ausprobieren!

Ihre Tanja Gruber

EMPFEHLUNGEN

Deutsche Zöliakie Gesellschaft (DZG)

Die DZG ist eine Interessengemeinschaft für Zöliakiebetroffene. Durch eine Mitgliedschaft erhält man umfangreiches Informationsmaterial über das gesamte Themengebiet Zöliakie. Spezielle Lebensmittelaufstellungen, Informationen über Selbsthilfegruppen und Veranstaltungen sowie das DZG Magazin, welches vierteljährlich erscheint.

- Kontakt: Deutsche Zöliakie Gesellschaft e.V., Kupferstraße 36, 70565 Stuttgart. *www.dzg-online.de*

„Tanja's glutenfreies Kochbuch"

Eine erprobte Sammlung von über 500 glutenfreien Rezepten ist kostenfrei in meinem eigenen umfangreichen Food-Blog einzusehen. Dieser bietet Zöliakiebetroffenen eine abwechslungsreiche Rezeptauswahl, es gibt aber auch zahlreiche Tipps für eine milchfreie und fruktosearme Zubereitung.

- *www.rezepte-glutenfrei.de*

Österreichische Arbeitsgemeinschaft Zöliakie

In Österreich steht die Arbeitsgemeinschaft Zöliakie Betroffenen mit Rat und Tat zur Seite. Durch eine Mitgliedschaft wird eine umfassende Hilfe anhand einschlägiger Unterlagen gegeben.

- Kontakt: Österreichische Arbeitsgemeinschaft Zöliakie, Anton-Baumgartner-Straße 44/C5/2302, 1230 Wien. *www.zoeliakie.or.at*

Videoanleitungen über YouTube

Um die Eigenschaften und Besonderheiten der glutenfreien Bäckerei noch besser aufzuzeigen, gibt es über meinen YouTube-Kanal „Tanja's glutenfreies Kochbuch" entsprechende Rezepte als Videoanleitung. So können schwierigere Arbeitsschritte noch besser erläutert werden, damit sich auch zu Hause tolle Backergebnisse einstellen.

Gruppe „Zöliakie Austausch"

Die große deutschsprachige Facebook-Gruppe „Zöliakie Austausch" ermöglicht einen praktischen Erfahrungsaustausch, um ein Leben ohne Gluten zu erleichtern. Der tägliche Austausch mit Gleichgesinnten im sozialen Netzwerk, umfangreiche Dateien sowie einschlägige Veranstaltungen bieten betroffenen Personen kompetente Hilfe rund um das Thema Zöliakie.

- *www.zoeliakie-austausch.de*
  www.facebook.com/groups/zoeliakie.austausch/

PRAKTISCHES ZUM BUCH

- Beim Einsatz von ***Zitronenschale*** empfehle ich unbedingt, Biofrüchte zu verwenden!
- Beim Überheben von Tortenböden, Strudeln oder Ähnlichem ist die Verwendung eines ***Tortenhebers*** sehr hilfreich.
- Falls etwa beim Plätzchenbacken nicht ***genügend Backbleche*** zur Verfügung stehen, so können auch Holzbretter, ausgelegt mit Backpapier, vorab verwendet werden, um die Teiglinge darauf zu kühlen. Vor dem Backen werden die Plätzchen einfach mitsamt dem Backpapier vorsichtig auf ein Blech gezogen.
- Soll ein Teig an einem „warmen Ort" ruhen, dann gibt man ihn am besten ins lauwarme Backrohr. Genaueres dazu siehe „Aufgehort", Seite 39.
- Brotbacken mit ***Gärkörbchen:*** Steht kein Gärkörbchen zur Verfügung, kann der Teig in eine mit Backpapier ausgelegte Brot- oder Kastenform eingefüllt werden. Den Teig darin aufgehen lassen und in der Backform anschließend nach Anleitung backen.

Verwendete Zeichen bzw. Abkürzungen:

❖ *Alternativprodukt bei Milcheiweißunverträglichkeit*
EL = Esslöffel
geh. = gehäuft
gestr. = gestrichen
lf = laktosefrei
Msp. = Messerspitze
P. = Packung
TK = Tiefkühlprodukt
TL = Teelöffel

Mengenangaben:

1 P. Backpulver = 16 g
1 P. Sahnesteif = 8 g
1 P. Trockenhefe = 7 g
1 P. Vanillezucker = 8 g
1 Würfel Hefe = 42 g

Deutsch-österreichisches Küchenglossar:

Aprikosen = Marillen
Bacon = Bauchspeck
Berliner = Krapfen
Brötchen = Semmel
Hackfleisch = Faschiertes
Hefe = Germ
Hörnchen = Kipferl
Johannisbeeren = Ribiseln
Käsekuchen = Topfenkuchen
Käsesahnetorte = Topfentorte
Puderzucker = Staubzucker
Quark = Topfen
Sauerkirschen = Weichseln
Saure Sahne = Sauerrahm, ca. 15 % Fettgehalt
Schmand = ähnlich Saurer Sahne/Sauerrahm, aber: 20–30 % Fettgehalt

WISSENSWERTES

ZÖLIAKIE

Wie schon oben erwähnt, hatte sich bei mir eine klassische Zöliakie mit allen typischen Symptomen manifestiert. Dies ist jedoch nicht bei allen Betroffenen der Fall! Zu Recht ist die Zöliakie als das „Chamäleon in der Medizin" bekannt und der Vergleich lässt erahnen, dass sich die Zöliakie in verschiedenen Formen zeigt.

Bei der Zöliakie handelt es sich um eine chronische Autoimmunerkrankung, die sich in einer Entzündung des Dünndarms äußert, hervorgerufen durch das in handelsüblichen Getreidesorten vorkommende Klebereiweiß, bekannt unter dem Namen „Gluten" (mit Betonung auf dem e). Die glutenhaltigen Getreidesorten Weizen, Roggen, Gerste, Hafer (siehe auch „Hafer in der glutenfreien Ernährung" Seite 14), Dinkel, Grünkern, Triticale sowie ältere Getreidesorten wie Emmer, Urkorn, Einkorn und Khorasan-Weizen müssen im Rahmen einer glutenfreien Ernährung dauerhaft und konsequent vom Speiseplan gestrichen werden. Auch alle Produkte aus den genannten Getreidesorten dürfen Zöliakiebetroffene nicht verspeisen.

Die Zöliakie ist keine Erkrankung der heutigen Zeit. Bereits im Jahr 1888 beschrieb der britische Arzt Samuel Gee erstmalig die Zöliakie unter dem Namen „coeliac affection". Der Begriff „Zöliakie" setzt sich aus den aus dem Altgriechischen stammenden Wörtern „koilos" für „Bauch" und „koilakos" für „an der Verdauung leidend" zusammen.

Welche Symptome zeigen sich?

Bei der klassischen Zöliakie zeigt sich meist das Vollbild der Erkrankung mit den typischen Symptomen: fettglänzende und massige Stühle, Durchfall, Verstopfung, Blähungen, aufgetriebener Leib, Bauchschmerzen, Völlegefühl, Übelkeit, Gewichtsverlust, Blutarmut, Müdigkeit, Abgeschlagenheit, Blässe, Depressionen, Appetitlosigkeit, Vitamin- und Mineralstoffmangel.
Bei Kindern können zusätzlich Symptome auftreten wie verzögerte Pubertät, Weinerlichkeit, Unlust oder Gedeihstörungen.
Die Zöliakie zeigt sich jedoch nicht nur mit ihren klassischen Symptomen, weitaus häufiger sind Zöliakieformen zu verzeichnen, bei welchen „nur" einige Symptome bestehen. Dazu zählen etwa die subklinische (silente) Zöliakie, die mono- oder oligosymptomatische Zöliakie, die symptomatische Zöliakie und die potenzielle Zöliakie.

WIE REAGIERT DER KÖRPER?

Die im Dünndarm befindlichen Darmzotten sind für die Resorption zuständig und versorgen so den Körper mit Nährstoffen. Die Darmzotten sind wahre Wunderwerke und durch ihren Besatz – Darmepithelzellen und Mikrovilli – vergrößert sich die Darmoberfläche beträchtlich. Liegt jedoch eine Zöliakie vor, so können sich durch die Entzündung der Dünndarmschleimhaut die Darmzotten fast vollständig zurückbilden und man spricht dann von einer „Zottenathropie". Auslöser für diese Schädigung ist eben das in handelsüblichen Getreidesorten vorkommende Gluten. Eine dauerhafte Schädigung des Dünndarms führt zu Nährstoffdefiziten, da die Nahrung nicht mehr ausreichend verwertet werden kann.

Dass die Zöliakie oft lange unentdeckt bleibt, konnten Sie bereits erfahren. Aufgrunddessen können sich weitere Unverträglichkeiten manifestieren. Laktose- und Fruktoseintoleranz sind häufige Begleiter der Zöliakie und so ist eine schulmedizinische Abklärung anzuraten.

ZÖLIAKIE DIAGNOSTIZIEREN

Von einer Selbstdiagnose mittels Ernährungsumstellung ist dringend abzuraten! Zwar kann es durchaus sein, dass Ihnen die glutenfreie Ernährung guttut und sich die Symptome bessern, aber die Beschwerden könnten auch durch eine Glutensensitivität oder Weizenunverträglichkeit ausgelöst worden sein. Liegt lediglich eine Glutensensitivität oder eine Weizenunverträglichkeit vor, ist die einzuhaltende Ernährung individuell toleranter und meist nicht lebenslang. Die glutenfreie Ernährung bei Zöliakie muss konsequent durchgeführt werden und noch dazu lebenslang! Die Diagnose Zöliakie sollte mittels Antikörpersuchtest sowie einer Dünndarmbiopsie bei einem Arzt erfolgen. Schnelltests für zu Hause sind ebenfalls kein Ersatz für eine ärztliche Diagnose.

EINMAL ZÖLIAKIE – IMMER ZÖLIAKIE!

Ist die Diagnose Zöliakie gestellt, so muss lebenslang und konsequent auf Gluten verzichtet werden. Es ist die einzige Behandlungsmethode, Medikamente oder andere Therapieformen gibt es nicht, um die Autoimmunerkrankung Zöliakie auszuheilen. Sind die Symptome auch noch so stark ausgeprägt, ist bei fehlerfreier Durchführung der glutenfreien Diät bald eine Linderung der Symptome zu bemerken. Die Dünndarmschleimhaut bildet sich wieder komplett aus und regeneriert sich, dies kann jedoch bis zu einem Jahr dauern. Erfolgt nach dem Ausheilen eine Untersuchung auf Zöliakie, ist bei konsequenter glutenfreier Diät mit einem negativen Ergebnis zu rechnen. Dies heißt jedoch nicht, dass glutenhaltige Produkte wieder verzehrt werden dürfen! Das negative Ergebnis ist lediglich ein sehr gutes Anzeichen für das konsequente Einhalten der glutenfreien Ernährung. Auch wer sich beschwerdefrei fühlt, kann nicht wieder auf glutenhaltige Kost umsteigen! Das Immunsystem und die Dünndarmschleimhaut reagieren prompt auf Gluten, auch wenn es bewusst mit Symptomen nicht gleich zu spüren ist. Bis sich die bekannten Symptome einstellen und die Zöliakie somit erneut ausbricht, ist es jedoch nur eine Frage der Zeit.

Zugegeben, die Umstellung auf die glutenfreie Ernährung ist anfänglich mühselig und anstrengend! Jede kleinste Kleinigkeit muss beachtet werden, Lebensmittel müssen geprüft und vieles muss hinterfragt werden. Gluten ist nicht nur offensichtlich in handelsüblichen Backwaren wie Brot, Kuchen und Keksen enthalten, nein – auch andere Produkte können glutenhaltig sein, von denen man es nicht vermutet: Tabletten, Lippenstifte, Zahnpasta, Eiscreme, Essig, Gewürzmischungen, Käse, Malzbier, Teemischungen mit Aromen, Wurst usw.

In Deutschland besteht glücklicherweise eine Deklarationspflicht für Lebensmittel. Diese Regelung ist eine große Hilfe für die glutenfreie Ernährung. Für Konsumenten muss klar und deutlich erkennbar sein, ob ein Produkt glutenhaltig ist. Die Angabe der 14 deklarationspflichtigen Hauptallergene, zu denen auch Gluten gehört, muss nicht nur bei allen verpackten Lebensmitteln, sondern auch bei losen Lebensmitteln und Gerichten berücksichtigt werden.

Eine weitere große Hilfe, vor allem während der Anfangszeit, sind die umfangreichen Publikationen glutenfreier Lebens- und Arzneimittel sowohl der Deutschen Zöliakie Gesellschaft (DZG) als auch der Österreichischen Arbeitsgemeinschaft Zöliakie. Durch eine Mitgliedschaft bei den beiden Vereinigungen erhält man ausführliches Informationsmaterial, hilfreiche Tipps und vor allem ärztliche Hilfestellung. Zudem stehen umfangreiche Produktlisten in Buchform und als App für eine gesicherte glutenfreie Ernährung zur Verfügung.

GLUTENFREI LEBEN

Sind die ersten glutenfreien Wochen gemeistert, wird das Thema der glutenfreien Ernährung zusehends geläufiger. Schnell wird klar, es gibt wesentlich mehr verträgliche Produkte als zu Beginn angenommen. Die Auswahl an glutenfreien Produkten ist heute umfangreich und vielseitig. Nicht nur einschlägige Geschäfte wie Reformhäuser, Bioläden oder Onlineshops führen glutenfreie Lebensmittel, auch Supermärkte stellen sich auf die besondere Ernährungsform ein und legen ihr Angebot entsprechend aus. Die Erfahrung hat gezeigt: Ist das erste glutenfreie Jahr gemeistert, kommt Routine in den Alltag mit seinen jahreszeitlichen Gegebenheiten. Denn gerade im ersten Jahr ist die glutenfreie Ernährung immer wieder eine Herausforderung, wenn es heißt Urlaub, Geburtstagseinladungen, Ausflüge und Feste glutenfrei zu gestalten. Auch in der Küche gilt es nun, jahreszeitliche typische Backwaren in glutenfreier Form herzustellen. Gleich am Jahresanfang steht die Neujahrsbrezel, gefolgt von Berlinern zur Faschingszeit, dem typischen Osterbrot bis hin zur Plätzchenbäckerei vor Weihnachten.

Wer gerne verreist, kann dies auch weiterhin gern tun. Die besonderen Ansprüche der glutenfreien Ernährung werden zusehends von Hotel- und Gastronomiebetrieben berücksichtigt und auch Mehrfachallergiker erhalten verträgliche Speisen. Besonders hilfreich sind einschlägige Internetforen. Dort erhält man eine Vielzahl an Rezepten, Urlaubstipps und Informationen rund um die glutenfreie Ernährung.

HAFER IN DER GLUTENFREIEN ERNÄHRUNG

Ob Hafer in den glutenfreien Speiseplan integriert werden darf, sorgt bei Zöliakiebetroffenen immer wieder für Verwirrung. Zwar ist Hafer von Natur aus glutenfrei, aber durch Anbau und Verarbeitung wird Hafer durch glutenhaltiges Getreide wie Weizen, Roggen, Gerste oder Dinkel verunreinigt, sodass Hafer aus herkömmlichem Anbau im Rahmen der glutenfreien Ernährung nicht verzehrt werden darf.

Seit einiger Zeit sind jedoch verschiedene Produkte aus kontaminationsfreiem Hafer im

Handel erhältlich. Dieser nun glutenfreie Hafer unterliegt einem speziellen Anbau und einer speziellen Verarbeitung und ist im Rahmen einer glutenfreien Ernährung erlaubt. Zu erkennen sind die glutenfreien Haferprodukte am Symbol der durchgestrichenen Ähre und sie sind versehen mit dem Hinweis „oats" (engl. für Hafer). Somit ist klar ersichtlich, dass es sich um ein lizensiertes Produkt aus nichtkontaminiertem Hafer handelt.

Glutenfreier Hafer ist eine wohlschmeckende Bereicherung für den Speiseplan und zeichnet sich durch einen hohen Gehalt an Vitaminen, Mineralstoffen, Eiweiß, mehrfach ungesättigten Fettsäuren und Ballaststoffen aus.

Der glutenfreie Hafer wird jedoch nicht gleichermaßen gut von allen Zöliakiebetroffenen toleriert. Die Verträglichkeit sollte unter engmaschiger ärztlicher Betreuung ausprobiert und, aufgrund des hohen Ballaststoffgehalts, vorerst in kleinen Mengen getestet werden. Um eine mögliche Unverträglichkeit gegenüber nichtkontaminiertem Hafer auszuschließen, sollte das Einführen von glutenfreiem Hafer in den Speiseplan frühestens 6 Monate nach Diagnosestellung bzw. sobald sich die Blutantikörperwerte im Normalbereich befinden erfolgen.

Diätfehler vermeiden!

Im Haushalt lauern einige Kontaminationsquellen und diese gilt es zu berücksichtigen, damit Glutenfreies auch wirklich glutenfrei bleibt.

Küchenutensilien:

- Toaster und Brotschneidemaschinen sind offensichtliche Glutenquellen schlechthin. Verwenden Sie für glutenfreie Produkte keine Toaster oder Brotschneidemaschinen, die für glutenhaltige Produkte verwendet werden.
- Kochlöffel, Teigrolle und Schneidebretter aus Holz sollten durch Gegenstände aus anderen Materialen ersetzt werden, da sich Gluten in den Holzrillen festsetzen kann.
- Getreidemühlen für glutenfreies Mehl dürfen nur mit glutenfreien Getreidesorten benutzt werden. Achten Sie beim Kauf zusätzlich darauf, dass die Getreidemühle mit glutenfreiem Getreide eingemahlen wurde.
- Butter, Brotaufstriche und Marmeladen nicht mit Messern oder Löffeln abnehmen, die für glutenhaltige Backwaren verwendet werden.
- Verwenden Sie keine Teller, Brettchen oder Besteck, die zuvor für Glutenhaltiges verwendet wurden.

Herstellung von Speisen:

- Die gleichzeitige Herstellung von glutenfreien und glutenhaltigen Speisen erfordert eine besondere Aufmerksamkeit, damit Glutenfreies nicht kontaminiert wird. Zum Beispiel bei der Herstellung von glutenfreien und glutenhaltigen Nudeln verwenden Sie nicht den gleichen Löffel zum Rühren oder das gleiche Nudelsieb.
- Frittierfett, welches bereits für glutenhaltiges Frittiergut verwendet wurde, darf nicht für glutenfreies verwendet werden.
- Achten Sie beim Grillen darauf, dass ihr glutenfreies Grillgut frei von Gluten bleibt. Auch Grillmarinaden können glutenhaltig sein und häufig werden glutenhaltige Brötchen und Baguettes auf dem Grill aufgebacken. Verwenden Sie im Zweifelsfall eine Grillschale für das glutenfreie Grillgut.
- Lagern Sie glutenfreie und glutenhaltige Backwaren immer getrennt!

ERLAUBTE LEBENSMITTEL – GLUTENFREIE PRODUKTE

GETREIDE, PSEUDOGETREIDE UND SÜßGRÄSER	Amarant, Buchweizen, Canihua, glutenfreier Hafer (siehe auch „Hafer in der glutenfreien Ernährung", Seite 14), Hirse (alle Sorten, auch Teff), Mais, Quinoa, Reis, Wildreis
KARTOFFELN, WURZELN & CO	Esskastanie, Kartoffel, Marone, Maniok, Süßkartoffel, Yams
HÜLSENFRÜCHTE	Bohne, Erbse, Kichererbse, Linse, Mungbohne, Sojabohne (Achtung, bei einigen Hülsenfrüchten können glutenhaltige Rankhilfen zum Einsatz kommen)
GEMÜSE, KRÄUTER, PILZE	Alle naturbelassenen Gemüsesorten, TK-Gemüse ohne Zusätze, Kräuter und naturbelassene Kräutermischungen, alle Sorten naturbelassene Pilze
NÜSSE UND SAMEN	Alle naturbelassenen Nusssorten, Mandeln, naturbelassene Ölsamen wie Leinsamen, Mohn, Sesam, Sonnenblumenkerne, Traubenkerne, Kürbiskerne, Pinienkerne
OBST	Alle naturbelassenen Obstsorten, TK-Obst ohne Zusätze, ungeschwefelte Früchte
EIER	Eidotter und Eiweiß
MILCH UND MILCHPRODUKTE	Naturbelassene Milch und alle naturbelassenen Milchprodukte
FLEISCH UND FLEISCHERSATZPRODUKTE	Alle Sorten Fleisch und Innereien in naturbelassener, ungewürzter und unpanierter Form, Tofu naturbelassen
FISCH UND MEERESFRÜCHTE	Alle Sorten Fisch, geräucherter Fisch und Meeresfrüchte in naturbelassener, ungewürzter und unpanierter Form, Algen

FETTE UND ÖLE	Alle reinen Fette, Öle, Butter, Schweine- und Butterschmalz
AUFSTRICHE	Nussmus, Mandelmus, Honig, reine Marmelade, Konfitüre und Gelee, Pflaumenmus
GETRÄNKE	Reine Teesorten ohne Aromen, reine Frucht- und Gemüsesäfte, reine Nektare, Bohnenkaffee sowie Instantbohnenkaffee, Wasser, Sojadrink, Wein, Sekt, Most, Rum, Prosecco, Arrak, Gin, Korn, Branntwein, glutenfreies Bier
SÜßUNGSMITTEL	Haushaltszucker, Puderzucker, Kandiszucker braun und weiß, brauner Zucker, Traubenzucker, Fruchtzucker, Zuckerrübensirup, Reissirup, Agavendicksaft, Apfeldicksaft, Milchzucker, Honig, Zuckercouleur Maltodextrin, Dextrin und Glukosesirup aus Weizen oder anderen Getreidesorten sind aufgrund des Herstellungsprozesses glutenfrei.
BINDEMITTEL UND STÄRKEMEHL	Reine Mais-, Reis-, Kartoffel- und Tapiokastärke, Pfeilwurzelstärke, Guarkernmehl, Johannisbrotkernmehl, Agar-Agar, Kuzu, Pektin
BACKZUTATEN	Weinsteinbackpulver, Trockenhefe, Xanthan
GEWÜRZE	Alle reinen Gewürze ohne Füllstoffe und weitere Zusätze
WÜRZMITTEL	Essigessenz, Obstessig, Aceto Balsamico

GLUTENHALTIGE LEBENSMITTEL UND PRODUKTE, IN DENEN GLUTEN ENTHALTEN SEIN KANN

GETREIDE UND GETREIDEPRODUKTE	Weizen, Roggen, Gerste, Dinkel, Einkorn, Urkorn, Emmer, Tritikale, Khorasan-Weizen, Grünkern, Hafer (siehe auch „Hafer in der glutenfreien Ernährung", Seite 14). Alle Produkte aus oben genannten Getreidesorten: Backwaren, Grieß, Graupen, Flocken, Grütze, Schrot, Kleie, Teigwaren, Sprossen, Paniermehl (Semmelbrösel), Couscous, Bulgur, Seitan, Müsli, Frühstückscerealien
GEMÜSE UND HÜLSENFRÜCHTE	Fertig- und Halbfertigprodukte aus Kartoffeln wie Kartoffelteig, Kartoffelknödel, Reibekuchen, Rösti, Puffer, Kroketten, Kartoffelsalat, Pommes Frites, Chips TK-Gemüse mit Zusatzstoffen und/oder Gewürzmischungen Hülsenfrüchte als Zutat in Fertig- oder Halbfertiggerichten Röstzwiebeln
OBST	Obstzubereitungen, eingedickte Früchte, Grütze, Trockenfrüchte, TK-Obst mit Geschmackszutaten
MILCH UND MILCHPRODUKTE	Milchprodukte mit Zusatzstoffen und/oder Fruchtzubereitungen und/oder Cerealien, Milchmischgetränke, Käsezubereitungen, Schmelzkäse, Harzer Käse, Käseimitate, Schimmelkäse, Butter mit Zusätzen und/oder Kräutern bzw. Knoblauch, geriebener oder gewürfelter Käse, die als Trennmittel Gluten enthalten
FLEISCH UND FLEISCHPRODUKTE	Fleisch in bemehlter, panierter, marinierter und/oder gewürzter Form, Wurst, Pasteten, Würstchen, Frikadellen, Fleischfüllungen, Seitan (Fleischersatz aus Weizen)
FISCH UND MEERESFRÜCHTE	Panierter und/oder bemehlter Fisch, gebackene Tintenfischringe, Fischstäbchen, Bratfisch, Bratrollmops, Fischkonserven, Surimi, Fisch und Meeresfrüchte mit Würzsoßen

FETTE UND ÖLE
Fette und Öle mit Zusatzstoffen wie Kräuter und/oder Gewürze, Halbfettprodukte, Diät- und Lightprodukte

GETRÄNKE
Getreidekaffee, Malzkaffee, Kaffeefertiggetränke, Kaba, Milchmischgetränke, aromatisierter Tee, aromatisiertes Wasser, Malzbier, Limonade, Brause, Cola, Fruchtsaftgetränke, Gemüsesaftgetränke, Säfte mit ballaststoffhaltigen Zusätzen, Liköre, Whiskey (z. B. Malt-Whiskey), Glühwein, Punsch

SÜßWAREN
Waffeln, Kekse, Schokolade, Fruchtgummi, Kaugummi, Malzbonbons, Lakritze, Puffreis, Popcorn, Eis, Softeis, kandierte Nüsse und Mandeln, Studentenfutter, Pudding, Nuss-Nougat-Creme, Süßwaren mit Cerealien

KNABBERARTIKEL
Chips, Erdnussflips, Nachos, Salzstangen, Salzbrezeln, gewürzte Nüsse und Mandeln

SÜßUNGSMITTEL
Gerstenmalz, Gerstenmalzextrakt, aromatisierter Zucker, Süßstoff, Diabetikersüße

ZUSATZSTOFFE
Aromen, Konservierungsstoffe, Feuchthaltemittel, Trennmittel, Bindemittel

BACKZUTATEN
Backpulver, Tortenguss, Sahnestandmittel, Kuvertüre, gefärbte Gelatine

GEWÜRZE UND KRÄUTER
Gewürzmischungen wie Currypulver, Kräutersalz, aromatisierte Gewürzzubereitungen

ESSIG UND WÜRZSOßEN
Senf, Mayonnaise, Meerrettich, Ketchup, Curry-Ketchup, Soßen, Chutney, Dressing, Sojasoße, Tamari, Branntweinessig, Kräuteressig, Malzessig, Brühe und Bouillon

GLUTENFREI BACKEN

DIE GLUTENFREIEN MEHLE

Widmet man sich der glutenfreien Bäckerei, so stellt man spätestens nach der ersten Teigherstellung fest, dass die Eigenschaften der Mehle gegenüber den altbekannten glutenhaltigen Sorten anders sind. Bisher geliebte Backrezepte funktionieren meist nicht mehr wie gewohnt und bringen häufig trockene und krümelige Backergebnisse hervor. Zudem ist es schwierig, aufgrund der vielfältigen glutenfreien Mehlsorten den Überblick zu behalten und die Wahl der richtigen Mehlsorte und Mehlmischung für das gewünschte Gebäck zu finden. Wurden erste glutenfreie Backerfolge erzielt, so kann exakt das gleiche Rezept mit einer anderen Mehlmischung ein völlig anderes und vielleicht ungenießbares Backergebnis hervorbringen. Bei der glutenhaltigen Bäckerei wurde kaum je Aufhebens um die Wahl der richtigen Mehlsorte gemacht. Weizenmehl kam für helle Backwaren zum Einsatz, Roggenmehl für Brot und, wer mochte, nutzte Dinkelmehl oder ältere Getreidesorten wie Emmer oder Urkorn.

Die glutenfreie Mehlauswahl ist groß und letztendlich entscheidet der persönliche Geschmack, welche glutenfreien Mehle oder Mehlmischungen zum Einsatz kommen. Bei allen glutenfreien Rohstoffen sollten nun aber die veränderten Eigenschaften im Vergleich zu den glutenhaltigen Mehlen berücksichtigt werden, damit schmackhafte und gelingsichere Backwaren entstehen. Alle neuen Mehle haben eines gemeinsam – es fehlt Gluten! Auch wenn man vor der glutenfreien Ernährung kaum wusste, was Gluten eigentlich ist, wird bereits bei der Teigherstellung schnell klar, welch großen Vorteil das Klebereiweiß mit sich bringt. Es sorgt für viskose und gut knetbare Teige, eine elastische Krume mit typischer Struktur. Allerdings: In der glutenfreien Bäckerei stehen einige Binde- und Verdickungsmittel zur Verfügung, um Gluten zu ersetzen und Teige backfähig zu machen.

Glutenfreie Mehlersatzsorten: Quinoa, Buchweizen, Hirse (v.l.n.r.)

GLUTENFREIE MEHLE, STÄRKESORTEN SOWIE BINDE- UND VERDICKUNGSMITTEL

Glutenfreie Mehlersatzsorten

Amarantmehl, Buchweizenmehl, Canihuamehl, glutenfreies Hafermehl (jedoch ausschließlich mit glutenfreier Deklaration! Siehe auch „Hafer in der glutenfreien Ernährung", Seite 14), Hirsemehl (Braun-, Rot- und Goldhirsemehl), Sorghummehl, Milletmehl, Teffmehl, Kartoffelmehl, Klebreismehl, Kochbananenmehl, Lupinenmehl, Maismehl, Montinamehl, Quinoamehl, Reis- und Reisvollkornmehl, Sojamehl, Süßkartoffelmehl

Glutenfreies Stärkemehl

Glutenfreie Weizenstärke, Kartoffelstärke, Maisstärke, Reisstärke, Tapiokastärke

Glutenfreie Mehle aus Nüssen, Saaten und Bohnen

Cashewmehl, Erdnussmehl, Haselnussmehl, Kastanienmehl, Kichererbsenmehl, Kokosmehl, Macadamiamehl, Mandelmehl, Pekannussmehl, Pistazienmehl, Sesammehl, Sojamehl, Traubenkernmehl, Walnussmehl

Glutenfreie Binde- und Verdickungsmittel

Flohsamenschalen (Psyllium) bezeichnen die geschmacksneutralen Samenkapseln einer Wegerichart. Sie zeichnen sich durch die außergewöhnlich hohe Flüssigkeitsaufnahme aus und verleihen den Backwaren dadurch eine saftigere Textur und gute Bindung. Flohsamenschalen sind in unterschiedlichen Qualitäten im Handel erhältlich. Damit die Flohsamenschalen ihr ganzes Können entfalten, sollten sie feinst vermahlen sein. Im Handel ist Flohsamenschalenpulver erhältlich und dieses ist optimal für die glutenfreie Bäckerei. Werden unvermahlene oder grob vermahlene Flohsamenschalen verwendet, so nehmen diese weniger Flüssigkeit auf, der Teig bleibt weicher, lässt sich kaum formen und die Bindung ist geringer.
Pro 500 g Brotmehl werden zwei Teelöffel Flohsamenschalenpulver verwendet. Das Pulver in die Flüssigkeit für das Brot einrühren, wenige Minuten quellen lassen und nach Rezept verfahren. Flohsamenschalenpulver muss jedoch nicht zwingend angerührt werden. Das Pulver kann auch direkt unter das glutenfreie Mehl gemischt werden. Hinweis: Flohsamenschalen sollten übrigens nicht mit Flohsamen verwechselt werden. Die kleinen schwarzen Flohsamen sind für die glutenfreie Bäckerei nicht geeignet und der gewünschte Effekt wäre hinfällig.

Xanthan (E 415) begegnet uns in vielerlei Produkten der Nahrungs- und Kosmetikindustrie. Bereits seit vielen Jahren werden die positiven Eigenschaften von Xanthan in Produkten wie Soßen, Ketchup, Süßwaren, Kaugummi und Zahnpasta eingesetzt. Xanthan ist für Ökolebensmittel zugelassen.
In der glutenfreien Bäckerei ist Xanthan ein perfektes Binde- und Verdickungsmittel, welches die glutenfreie Bäckerei erheblich erleichtert und tolle Backergebnisse hervorbringt. Xanthan ist nicht bei allen Teigarten notwendig, aber gerade bei Hefe-, Mürbe- und Quark-Öl-Teig verleiht es den Teigen eine wunderbare Backeigenschaft und bringt schmackhafte Ergebnisse hervor. Hefeteig lässt sich mit Xanthan schön formen und macht das fertige Backwerk weich und elastisch. Bei Mürbeteig hilft Xanthan, ein übermäßiges Bröseln bei der Teigherstellung zu verhindern. Zudem lässt sich der fertige Mürbeteig problemlos schneiden. Gerade bei der Weihnachtsbäckerei ist Xanthan für Plätzchenteige eine große Hilfe: Sie lassen sich gelingsicher herstellen, ohne dass die fertigen Köstlichkeiten zwischen den Fingern zerbröseln. Quark-Öl-Teig lässt sich mit Xanthan ebenfalls sehr gut verarbeiten und das fertige Gebäck wird ebenfalls wesentlich weicher und elastischer. Auf 250 g glutenfreies Mehl reicht 1 gestrichener Teelöffel Xanthan aus. Es sollte nicht mehr Xanthan verwendet werden als im Rezept angegeben, da zu viel davon Teige gummiartig werden lässt und dann der gewünschte positive Effekt ausbleibt.

Guarkernmehl (E 412) wird aus den Samen der Guarbohne gewonnen. Es ist in der Lage, große Wassermengen zu binden, und sorgt somit für eine positive Teigstruktur und für Volumen. Auf 250 Gramm glutenfreies Mehl wird 1 Teelöffel Guarkernmehl verwendet.

Johannisbrotkernmehl (E 410) wird aus den Samen des Johannisbrotbaumes gewonnen. Johannisbrotkernmehl besitzt eine hohe Quellfähigkeit und bindet Wasser sehr gut. Bezüglich seiner positiven Wirkung auf die Teigstruktur unterscheidet es sich kaum von Guarkernmehl und auch der Einsatz ist der gleiche.

Chiasamen und gemahlene Leinsamen sind Binde- und Verdickungsmittel für Brot und Brötchen mit einem hohen Anteil an Omega-3-Fettsäuren und zudem sehr ballaststoffhaltig. Damit sich eine gallertartige Masse entwickelt, die den glutenfreien Backwaren Bindung verleiht, rührt man die Samenarten in heißes Wasser ein und lässt sie einige Minuten quellen. Das Gemisch dann zum Mehl geben und nach Rezept verfahren. Die Bindefähigkeit ist jedoch eher gering. Sollen formstabile Backwaren hergestellt werden, so sind die oben aufgeführten Binde- und Verdickungsmittel besser geeignet.

DER UNTERSCHIED ZWISCHEN BACK- UND MEHLMISCHUNGEN

Glutenfreie Backmischungen

Egal ob für glutenfreies Brot, Kuchen, Kekse oder Waffeln – im Handel sind Backmischungen erhältlich, um rasch, unkompliziert und gelingsicher tolle Backergebnisse hervorzubringen. Die Mischungen sind in ihren Zutaten abgestimmt und es sind nur wenige Zutaten nötig, um das gewünschte Produkt herzustellen. Bei Brotbackmischungen sind meist nur noch Wasser, Öl und eventuell Hefe nötig. Da Backmischungen bereits vielerlei Zutaten enthalten, muss bei weiteren Unverträglichkeiten gegen Milcheiweiß, Fruktose und Laktose auf die Zutatenbestandteile geachtet werden. Auch glutenfreie Weizenstärke oder glutenfreier Hafer können bei glutenfreien Backmischungen zum Einsatz kommen und dies kann bei Unverträglichkeiten gegenüber diesen Bestandteilen zu Symptomen führen.

Glutenfreie Mehlmischungen

Mehlmischungen sind im Gegensatz zu Backmischungen wahre Alleskönner für die glutenfreie Bäckerei! Im Handel sind abgestimmte Mischungen für Brot und Brötchen, Kuchen und Kekse, Nudelteig und außerdem Universalmehlmischungen erhältlich, aber die Liste der Zutaten ist wesentlich kürzer und diese sind verträglicher. Sie enthalten meist nur Bestandteile wie glutenfreies Mehl, glutenfreies Stärkemehl sowie Binde- und Verdickungsmittel, welche optimal abgestimmt sind. Schnell und einfach lassen sich mit glutenfreien Rezepten tolle Ergebnisse aus glutenfreien Mehlmischungen herstellen und die Wahl der verwendeten Mischung hängt vom persönlichen Geschmack und der gewünschten Textur der fertigen Backwaren ab. Werden Mehlmischungen aus glutenfreiem Vollkorngetreide verwendet, so ist die Textur der fertigen Backwaren kompakter, aber geschmacklich durchaus sehr gut. Mehlmischungen mit einem höheren Stärkeanteil bringen hingegen luftigere Backwaren hervor.

MEHLMISCHUNGEN SELBST GEMACHT – EINIGE BEISPIELE

HELLE, FEINE MEHLMISCHUNG

Für Kuchen wie Biskuit, Brandteig, Hefeteig, Mürbeteig, Strudelteig, süße Mehlspeisen und helle Brotsorten, Brötchen, Pizza.

Durch den ***hohen Stärkeanteil*** in dieser Mischung erhalten die Backwaren eine feine und luftigere Textur:

- 400 g Reisstärke
- 300 g Reismehl
- 250 g Kartoffelstärke
- 50 g Maismehl
- 20 g Flohsamenschalenpulver
- 2 TL Johannisbrotkernmehl

Die folgenden zwei Mehlmischungen bringen aufgrund des ***niedrigeren Stärkeanteils*** eher kompakte Backwaren und Gerichte hervor, die Vollkornprodukten ähneln:

- 640 g Reismehl
- 200 g Kartoffelstärke
- 100 g Maismehl
- 60 g Tapiokastärke
- 20 g Flohsamenschalenpulver
- 2 TL Guarkernmehl

- 500 g Maismehl
- 200 g Amaranthmehl
- 240 g Maisstärke
- 60 g Kartoffelstärke
- 20 g Flohsamenschalenpulver
- 2 TL Johannisbrotkernmehl

DUNKLE, RUSTIKALE MEHLMISCHUNGEN

Ideal für mischbrotähnliche Brot- und Brötchensorten sowie herzhafte Backwaren aus pikantem Mürbeteig.
Diese Mehlmischung enthält einen ***hohen Stärkeanteil,*** geeignet für luftigere Backwaren:

- 400 g Maisstärke
- 300 g Reismehl
- 200 g Kartoffelstärke
- 100 g Teffmehl
- 20 g Flohsamenschalenpulver
- 2 TL Johannisbrotkernmehl
- 1 TL Traubenkernmehl

Die folgenden zwei Mehlmischungen enthalten einen ***geringeren Stärkeanteil*** und bringen kompaktere Backwaren hervor.

- 300 g Kastanienmehl
- 300 g Maisstärke
- 200 g Buchweizenmehl
- 200 g Hirsemehl
- 20 g Flohsamenschalenpulver
- 2 TL Johannisbrotkernmehl

- 300 g Buchweizenmehl
- 300 g Teffmehl
- 300 g Kartoffelstärke
- 100 g Tapiokastärke
- 20 g Flohsamenschalenpulver
- 2 EL Traubenkernmehl
- 2 TL Guarkernmehl

NUDELMEHL

Für Nudelteigwaren aller Art wie Spätzle, Lasagneteigplatten, Ravioli, Maultaschen, Cannelloni und so weiter:

- 750 g Kartoffelstärke
- 250 g Reismehl
- 20 g Flohsamenschalenpulver
- 2 TL Johannisbrotkernmehl

DIE MEHLMISCHUNGEN IN DEN REZEPTEN

Auch in der glutenfreien Bäckerei sind weiche und luftige Backwaren beliebt bei Groß und Klein! Um die Textur von glutenhaltigen Backwaren bestmöglich zu erreichen, sind die Rezepte im Buch auf Mehlmischungen mit einem ***hohen Stärkeanteil*** ausgelegt. Je nach Wunsch kann die Mehlmischung, wie oben beschrieben, selbst hergestellt oder auf eine fertige glutenfreie Mehlmischung zurückgegriffen werden. Im Handel sind Mehlmischungen mit hohem Stärkeanteil für Brot, Kuchen und als Universalmehlmischung erhältlich.

Werden Mehlmischungen mit einem ***geringeren Stärkeanteil*** bevorzugt, so ist ein leicht verminderter Flüssigkeitsbedarf zu berücksichtigen, damit sich ein gutes Backergebnis einstellt.

Mehlmischungen, egal ob selbst hergestellt oder fertig gekauft, enthalten Binde- und Verdickungsmittel. Sind in den Rezepten im Buch zusätzliche Binde- und Verdickungsmittel wie Flohsamenschalenpulver und Xanthan mit aufgeführt, sollten diese zwingend eingesetzt werden, damit das Backergebnis optimal ausfällt.

DAS GLUTENFREIE BROT

Deutschland ist für seine Brotkultur bekannt und Brot in all seinen unzähligen Geschmacksrichtungen, ob hell und weich, rustikal mit Körnern oder traditionell im Steinofen gebacken, begleitet uns täglich bereits von Kindesbeinen an.

Wird nun der Alltag auf glutenfreie Kost ausgerichtet, so wird einem erst bewusst, welche Bedeutung Brot tatsächlich hat! Glutenfreies Brot gibt es in vielen verschiedenen Geschmacksrichtungen und von unterschiedlichen glutenfreien Bäckereien. Entsprechende glutenfreie Brotrezepte gibt es in einer noch größeren Vielfalt und so entscheidet letztlich der persönliche Geschmack, auf welches Brotrezept man sich festlegt. Glutenhaltige Brotrezepte mit einem sehr hohen Mehlanteil lassen sich jedenfalls nicht einfach in glutenfreier Variante herstellen.

Da das Gluten fehlt, muss es durch verschiedene Zutaten ersetzt werden, damit sich ein zufriedenstellendes Ergebnis einstellt. Nachfolgend spezielle Tipps zum glutenfreien Brotbacken.

TEIGZUTATEN FÜR SAFTIGES BROT

Sauerteig	Diese besondere Teigzugabe ist für glutenfreies Brot geradezu ideal! Sauerteig verleiht dem Brot eine wunderbar saftige und schmackhafte Textur. Auch an den Folgetagen muss Sauerteigbrot weder getoastet noch aufgebacken werden und steht direkt zum Verzehr bereit. Ob mit eher heller Krume, rustikal mit dunklen glutenfreien Mehlsorten oder mit vielen ballaststoffreichen Körnern verfeinert – Sauerteigbrot kann individuell hergestellt werden. Für die Herstellung von Sauerteigbrot ist ein Sauerteigansatz notwendig. Der Arbeitsaufwand für Sauerteigansatz ist minimal, jedoch dauert die Herstellung einige Tage, bis der Sauerteig ausreift. Das Anstellgut benötigt für die weitere Sauerteigherstellung jedoch eine deutlich verkürzte Zeit und so kann das wohlschmeckende Brot zeitnah wieder gebacken werden. → *Für die Herstellung des Sauerteigansatzes sehen Sie eine Videoanleitung auf YouTube unter „Tanja's glutenfreies Kochbuch".*
Brühstück	Kocht man Körner am Vortag und lässt diese über Nacht ausquellen, so nennt man dies „Brühstück". Etwa ein Drittel der Mehlmenge für ein Brot kann durch ganze Körner aus Reis, Hirse, Quinoa, Buchweizen oder Amarant ersetzt werden. Für das Brühstück werden die Körner etwa in der doppelten Menge Wasser für 15–20 Minuten gekocht. Dann lässt man die Mischung komplett auskühlen und über Nacht im Kühlschrank ausquellen.
Joghurt oder Quark	Damit das Brot saftiger wird und nicht so leicht austrocknet, kann ein Teil der Flüssigkeit durch Joghurt oder Quark (ggf. laktosefrei) ersetzt werden. Vegane Joghurt- und Quarkalternativen sind ebenfalls möglich.
Kartoffeln und Maronen	Vorgegarte Kartoffeln oder Maronen verleihen Brot eine tolle und feuchte Textur! Vorgekochte Kartoffeln durch eine Kartoffelpresse drücken und zum Teig geben. Vorgegarte Maronen mit etwas Wasser pürieren, bis eine breiähnliche Textur entsteht, dann zum Teig geben.

TEIGZUTATEN FÜR LOCKERES BROT

Essig	Ein Teelöffel Essig in Hefeteig verarbeitet wirkt sich positiv auf die Triebkraft aus. Bei Fruktoseintoleranz kann auf eine verdünnte Essigessenz zurückgegriffen werden.
Glutenfreie Flocken und gepufftes Getreide	Flocken und gepuffte glutenfreie Getreidesorten aus Amarant, Buchweizen, glutenfreiem Hafer, Hirse, Mais, Quinoa und Reis lockern glutenfreies Brot auf und bringen eine tolle Teigstruktur hervor. Außerdem bringen Flocken und gepufftes Getreide zusätzlich gesunde Ballaststoffe ins Brot. Ausreichend sind circa 20 % der angegebenen Mehlmenge, ersetzt durch Flocken oder gepufftes Getreide.
Mineralwasser	Stark kohlensäurehaltiges Mineralwasser lässt Teige besser aufquellen bzw. aufgehen als stilles oder kohlensäurearmes Mineralwasser.

TIPPS ZUR BROTHERSTELLUNG

Gärkörbchen

Das Auge isst mit! Damit Brot seine typische Form erhält, stehen im Handel Gärkörbchen in runder und ovaler Form zur Auswahl. Gärkörbchen werden für den Aufgehvorgang des Brotteigs genutzt. Bevor der Brotteig in das Körbchen gelegt wird, sollte das Körbchen gut mit glutenfreiem Mehl ausgestreut werden, damit der Teig nicht am Körbchen klebt und nach dem Stürzen des aufgegangenen Teigs seine Form gut behält. Das üppige Ausstreuen des Gärkörbchens kann jedoch sehr gut durch ein Gärtuch ersetzt werden. Sie trennen den Teig vom Körbchen, aber der Teig erhält trotzdem die typische Brotform.

Brotbackformen

Wer kein Gärkörbchen für den Aufgehvorgang nutzen möchte, kann Brotteig auch in speziellen Brotbackformen aufgehen lassen und das Brot direkt darin backen. Zum Einfetten der Backformen kann Öl, Butterschmalz, Margarine oder Butter verwendet werden. Zum Ausstreuen der Backformen eignen sich glutenfreie Semmelbrösel, gemahlene Nüsse oder Mandeln und Ölsaaten sehr gut.

Geschmackszutaten

Durch verschiedene Teigzugaben kann dem Brot ein individueller Geschmack gegeben werden. Je nach Verträglichkeit und Geschmack können Kräuter, Saaten, Speckwürfel oder glutenfreie Röstzwiebeln dem Teig beigemengt werden. Typische Brotgewürzmischungen aus Kümmel, Anis, Fenchel und Koriander verleihen Brot seinen typischen Geschmack und sind besonders für rustikale Brotrezepte sehr gut geeignet. Achten Sie bei fertigen Brotgewürzen stets darauf, dass das Produkt glutenfrei ist.

Oberflächenbehandlung

Benetzen Sie den Teig vor dem Backen mit Wasser oder Speiseöl, so trocknet die Teigoberfläche nicht aus und das Brot erhält eine schöne Kruste. Bei süßen Hefeteigbroten kann die Oberfläche des Teigs mit Sahne oder verquirltem Ei bepinselt werden.

Wasser mit in den Backofen

Um das Austrocknen des Backwerks zu verhindern, stellen Sie während des Backvorgangs eine mit Wasser gefüllte feuerfeste Schüssel auf den Backofenboden.

Auskühlen und Aufbewahren

Damit das frisch gebackene Brot an der Unterseite nicht matschig wird, sollte es unmittelbar nach dem Backen aus der Brotform genommen werden. Das Brot auf einem Kuchengitter auskühlen lassen und erst anschneiden, wenn es komplett abgekühlt ist. Wird das Brot warm oder gar heiß angeschnitten, so kann die Krume rasch eine speckige und ungenießbare Textur aufweisen. Um die Frische zu erhalten, das ausgekühlte Brot in Scheiben schneiden und einfrieren. So kann es portionsweise aus dem Tiefkühler genommen werden. Die gefrorenen Scheiben bei Zimmertemperatur auftauen lassen oder direkt im Toaster aufbacken.

LAKTOSEINTOLERANZ

Die Unverträglichkeit gegenüber Milchzucker (Laktose) ist häufig ein Begleiter der Zöliakie und bereitet betroffenen Personen oftmals große gesundheitliche Probleme. Im Gegensatz zur Zöliakie kann sich die Laktoseintoleranz im Laufe der Zeit bessern oder gar verschwinden. Handelsübliche Kuhmilchprodukte sind laktosehaltig, wobei die Menge der enthaltenen Laktose von Produkt zu Produkt unterschiedlich ist. Nicht nur Kuhmilch und Produkte daraus sind laktosehaltig, auch die Milch von Ziege, Schaf, Büffel, Pferd sowie Kamel ist laktosehaltig und stellt somit keine Alternative für eine laktosefreie Ernährung dar. Obwohl die laktosefreie Ernährung mit all den Alternativprodukten heute gut möglich ist, enthalten doch vielerlei Produkte Milchzucker, in welchen man es zunächst nicht vermutet.

LAKTOSEINTOLERANZ ERKENNEN

Um die Laktose zu verarbeiten, befindet sich in der menschlichen Dünndarmschleimhaut das Enzym Laktase, das für die Aufspaltung von Milchzucker zuständig ist. Aus diversen Gründen kann es zu einer unzureichenden Bildung von Laktase kommen und so bereitet der Verzehr von laktosehaltigen Produkten die bekannten Symptome. Als Auslöser für diese Störung kann eine Erkrankung der Dünndarmschleimhaut wie beispielsweise Zöliakie oder Colitis ulcerosa sein. Liegt eine Laktoseintoleranz vor, so kann die aufgenommene Laktose im Dünndarm nicht ausreichend zerlegt werden, sie wandert weiter und steht im Dickdarm den vorhandenen Darmbakterien als Nahrungsquelle zur Verfügung. Die Abbauprodukte der Darmbakterien bereiten uns dann zum einen Symptome wie Bauchschmerzen und Blähungen, zum anderen kann Durchfall als Folge auftreten, da Milchzucker die Eigenschaft besitzt, Wasser zu binden, wodurch vermehrt Wasser in den Dickdarm einströmt. Um eine Laktoseintoleranz zu diagnostizieren, ist ein Wasserstoffatemtest (H_2-Atemtest) bei einem Arzt erforderlich.

Mögliche Symptome der Laktoseintoleranz

Körperliche Symptome

Durchfall, Verstopfung, Bauchschmerzen, Darmschmerzen, Koliken, Übelkeit, Sodbrennen, Magengrummeln, Aufstoßen, Blähungen, Völlegefühl, Kopfschmerzen, Migräne, Infektanfälligkeit, Mundgeruch, trockene Schleimhäute (Nase, Mund, Augen), trockene oder fettige Haare

Psychische Symptome

Chronische Müdigkeit, Depressionen, Konzentrationsstörungen, innere Unruhe, Hyperaktivität, Gereiztheit, Aggressivität, Lustlosigkeit, Motivationsmangel, Abgeschlagenheit, Erschöpfungszustände, Essstörungen, Heißhungerattacken

Eine seltene, angeborene Form der Milchzuckerunverträglichkeit wird als kongenitaler Laktasemangel bezeichnet, bei der Laktose strikt zu meiden ist. Dieses Buch beschäftigt sich NICHT mit dieser Form.

TOLERANZGRENZE FINDEN

Meist ist eine Restaktivität des Enzyms Laktase vorhanden, sodass eine individuelle Milchzuckermenge verträglich ist. Jede betroffene Person muss selbst herausfinden, welche Menge an Milchzucker toleriert wird. Bei einer akuten Milchzuckerunverträglichkeit muss auf jeglichen Konsum von Milchzucker verzichtet werden. Eine mittelschwere Form erlaubt den Verzehr von bis zu 1 g Laktose pro Tag. 8–10 g Laktose werden hingegen bei einer leichten Milchzuckerunverträglichkeit toleriert.

ERSATZPRODUKTE WÄHLEN

Erfreulicherweise gibt es in Deutschland die Deklarationspflicht der Hauptallergene, welche die Lebensmittelfindung erheblich erleichtert. Nicht nur auf verpackten Lebensmitteln muss klar erkenntlich sein, ob das Produkt Milchbestandteile aus Nutztiermilch enthält, auch lose Lebensmittel müssen deklariert werden. So wird der Gang zum Metzger einfacher, aber auch der Restaurantbesuch ist so gut möglich.

Bei einigen Lebensmitteln ist klar, dass diese laktosehaltig sind. Etwa bei Milch, Joghurt, Quark und Frischkäse muss nicht lange auf der Zutatenliste gelesen werden, um zu erkennen, dass das Produkt laktosehaltig ist. Die Nahrungsmittel- und Kosmetikindustrie bereitet uns jedoch ein sehr umfangreiches laktosehaltiges Angebot und nutzt den beliebten Stoff Laktose in vielerlei Produkten auch als Füll- oder Trägerstoff.

Milchzucker kann in folgenden Produkten enthalten sein: Tabletten, Schokolade, Bonbons, Nougat, Nougatcreme, Pralinen, Eis, Fertiggerichten, Konserven, Suppen, Kartoffelprodukten, Wurstwaren, Müslimischungen. Bei Backwaren wie Keksen, Kuchen, Brot und Brötchen sollte stets auf laktosehaltige Bestandteile geachtet werden. Bei Käse arbeitet die Zeit und bringt dann laktosearmen- und laktosefreien Käse hervor! Ältere Käsesorten wie Emmentaler und Bergkäse verlieren während des Reifeprozesses ihren natürlichen Gehalt an Laktose und sind im Rahmen einer laktosefreien Ernährung geeignet.

Laktosegehalt verschiedener milchhaltiger Lebensmittel (g Laktose pro 100 g)

Lebensmittel	g	Lebensmittel	g	Lebensmittel	g
Büffelmilch	5,0	Joghurt	3,7–5,6	Milchspeiseeis	5,1–6,9
Butter	0,6–0,7	Joghurtzubereitungen	3,5–6,0	Molke	2,0–5,2
Buttermilch	3,5–4,0	Kaffeesahne	3,8–4,0	Molkenpulver	70
Camembert, Brie	0,1–2,0	Kaffeeweißer	10	Mozzarella, Tilsiter	0,1–2,0
Crème fraîche	2,0–3,6	Kefir	3,5–6,0	Nougat	25
Dickmilch	3,7–5,3	Kochkäse	3,2–3,9	Quark	2,6–4,1
Edamer, Gouda	0,1–2,0	Kondensmilch	9,3–12,5	Roquefort, Chesterkäse	0,1–0,2
Eselsmilch	6,1	Kuhmilch	4,8	Sahne	2,8–4,0
Fertigprodukt Dessert	3,3–6,3	Limburger, Romadur	0,1–2,0	Saure Sahne	2,8–4,0
Feta	0,5–4,2	Milchmixgetränke	4,4–5,4	Schafmilch	4,8
Frischkäse	2,8–4,0	Milchpulver	38,0–51,5	Stutenmilch	6,2
Hüttenkäse	2,6	Milchschokolade	9,5	Ziegenmilch	4,4

MILCHEIWEISS-UNVERTRÄGLICHKEIT

Die Milcheiweißunverträglichkeit sollte nicht mit einer Milchzuckerunverträglichkeit (Laktoseintoleranz) verwechselt werden. Bei der Milcheiweißunverträglichkeit bereitet der Eiweißbestandteil der Milch, das Kasein, gesundheitliche Beschwerden und kann bei betroffenen Personen zahlreiche Symptome auslösen.

MILCHEIWEISS- ODER MOLKENEIWEISSALLERGIKER

Der Eiweißbestandteil der Milch unterteilt sich wiederum in zwei Komponenten, das Milcheiweiß und das Molkeneiweiß. Zwar sind beide Formen der Milcheiweißunverträglichkeit einzig mit dem Verzicht der jeweiligen Produkte behandelbar, aber dennoch sollte unterschieden werden, welcher Bestandteil die Beschwerden auslöst, um den Speiseplan entsprechend zu bestücken.

Milcheiweißallergiker müssen auf alle tierischen Milchprodukte verzichten, also auch auf Ziegen-, Schaf-, und Stutenmilch. Wird Milcheiweiß verzehrt, kommt es zu einer Abwehrreaktion des Immunsystems gegenüber dem Eiweißbestandteil.

Molkeneiweißallergiker müssen „nur" auf Kuhmilch verzichten. Alle anderen tierischen Milchprodukte dürfen verzehrt werden und rufen keine bekannten Symptome hervor.

MILCHEIWEISSFREI LEBEN

Glücklicherweise bieten heute viele verschiedene Hersteller vegane Milchersatzprodukte an und diese können problemlos in den Speiseplan integriert werden. Selbst zum Kochen und Backen sind diese Produkte bestens geeignet und letztendlich entscheidet rein der persönliche Geschmack, welches Produkt zum Einsatz kommt. In Bioläden, Reformhäusern, großen Supermärkten und einschlägigen Onlineshops können Milchersatzprodukte bezogen werden. Achten Sie jedoch stets darauf, dass das gewählte Produkt im Rahmen einer glutenfreien Ernährung ebenfalls verträglich ist.

Mögliche Symptome der Milcheiweißunverträglichkeit

Juckreiz und Schwellungen an den Schleimhäuten und der Haut, Hautekzeme, Nesselsucht, Asthma, anaphylaktische Reaktion, Magen-Darm-Beschwerden wie Übelkeit, Blähungen, Koliken, Erbrechen, Durchfall, Verstopfung

Folgende Alternativprodukte stehen bei einer Milcheiweißunverträglichkeit zur Auswahl:

Butter: vegane Margarine (Zutatenliste beachten!), Kokosfett

Buttermilch: 200 ml Milchersatz, z. B. Mandel- oder Sojadrink, mit 1 EL Essig verrühren und einige Minuten stehen lassen.

Eis: Sorbet, Wassereis, veganes Eis auf Soja- oder Kokosbasis

Joghurt/Puddings: Joghurt auf Hanf-, Kokos-, Cashew-, Lupinen- und Sojabasis, Pudding auf Kokos-, Mandel-, Nuss-, Reis- und Sojabasis

Käse: Veganer Käseersatz auf Lupinen-, Reis- oder Sojabasis: Im Handel sind vielerlei Käsealternativen wie Frischkäseersatz, Scheiben- oder Streukäseersatz für Pizza und Lasagne erhältlich.

Milch: Pflanzlicher Milchersatz auf Basis von Amarant, Buchweizen, Cashew, Erdmandel, glutenfreiem Hafer, Hanf, Haselnuss, Hirse, Kokos, Lupine, Macadamia, Mais, Mandel, Quinoa, Reis, Sesam, Soja, Walnuss

Quark: Veganer Quarkersatz auf Sojabasis, Seidentofu

Sahne/Schmand: Kochsahneersatz und aufschlagbarer Sahneersatz auf Kokos-, Mandel-, Reis- und Sojabasis; veganer Sauerrahmersatz auf Lupinen- und Sojabasis; Sprühsahne auf Reis- und Sojabasis

Bei aufschlagbaren Sahnealternativen gibt es Qualitätsunterschiede und nicht jedes Produkt erhält nach dem Aufschlagen die nötige Stabilität. Gerade für die Herstellung von Torten ist ein stabiler Sahneersatz notwendig. Lassen Sie sich im Reformhaus oder Bioladen beraten, welches Produkt den gewünschten Anforderungen entspricht.

Schokolade: Vegane Schokolade in den unterschiedlichsten Geschmacksrichtungen sowie Schokoaufstriche, Bitterschokolade (mind. 75 % Kakaoanteil)

INTESTINALE FRUKTOSEINTOLERANZ

Bei der Fruchtzuckerunverträglichkeit (intestinalen Fruktoseintoleranz) handelt es sich nicht um eine Autoimmunerkrankung wie bei der Zöliakie, sondern um eine Unverträglichkeit gegenüber Fruchtzucker (Fruktose). Wer unter einer intestinalen Fruktoseintoleranz leidet, kann Fruchtzucker nicht oder nicht ausreichend über die Dünndarmschleimhaut in die Blutbahn aufnehmen. Diese Resorptionsstörung wird durch eine Beeinträchtigung des Transportproteins „Glut 5“ im Dünndarm verursacht. Die Fruktose gelangt so in die unteren Darmabschnitte und ermöglicht die Entwicklung von Darmbakterien. Große Mengen an Wasserstoff, Kohlendioxid und kurzkettigen Fettsäuren entstehen, die dann die bekannten Beschwerden auslösen. Bei einer Fruktoseintoleranz können auch rein psychische Symptome auftreten! Leider führt diese Tatsache häufig dazu, dass die Fruktoseintoleranz jahrelang unentdeckt bleibt.

Wie der Name bereits vermuten lässt, befindet sich Fruchtzucker, in unterschiedlicher

Mögliche Symptome und Diagnosestellung

Körperliche Symptome

Durchfall und durchfallartige Störungen, Übelkeit, Aufstoßen, Bauchschmerzen, Sodbrennen, Blähungen und Darmgeräusche, aufgetriebener Leib, Kopfschmerzen, Beklemmungsgefühl in der Brust, unreine Haut, Gliederschmerzen, Folsäure-, Zink- und/oder Tryptophanmangel und sich daraus ergebende typische Mangelerscheinungen

Psychische Symptome

Depressionen oder depressive Verstimmungen, Abgeschlagenheit, Lustlosigkeit, Freudlosigkeit, chronische Müdigkeit, innere Unruhe, Reizbarkeit, Konzentrationsstörungen, Erschöpfungszustände

Besteht der Verdacht einer Fruchtzuckerintoleranz, so kann mittels eines Wasserstoffatemtests (H_2-Atemtest) die Diagnose durch einen Arzt gestellt werden. Diese Methode ist sehr genau und erfordert keine weiteren Eingriffe zur Diagnostik.

Menge, in Früchten und allen daraus hergestellten Produkten. Aber Fruchtzucker ist auch in vielen weiteren Lebensmitteln enthalten, zum Beispiel Süßigkeiten, Fertigprodukte, Haushaltszucker sowie einige Gemüsesorten zählen zu den Lebensmitteln mit Fruchtzucker.

FRUKTOSEINTOLERANZ BEHANDELN

Bei der intestinalen Fruktoseintoleranz wirkt sich der zeitweise Verzicht auf Fruktose, die sogenannte Karenzphase, äußerst positiv auf den Heilungserfolg aus. So kann sich das Fruktose-Transportsystem neu entwickeln.

Wurde bei Ihnen eine Fruktoseunverträglichkeit diagnostiziert, so empfehle ich Ihnen mein Buch „Zöliakie, Laktose- und Fruktoseintoleranz – Das Koch- und Backbuch" (ISBN 978-3-7088-0662-4). Dort finden Sie hilfreiche Informationen und Auflistungen, damit die Karenzphase gelingt. Zudem ausführliche Lebensmittellisten über den Fruktosegehalt in Obst- und Gemüsesorten sowie rund 100 verträgliche Rezepte ohne Fruktose.

REZEPTE

Die folgenden Rezepte sollen Ihnen Freude am Backen mit verträglichen Produkten vermitteln. Zum besseren Verständnis hier noch einige Informationen vorab:

Alle Produkte auf Glutenfreiheit prüfen

Auf Seite 16 bis Seite 19 sehen Sie die Aufstellungen glutenfreier und glutenhaltiger Lebensmittel bzw. Lebensmittel, in denen Gluten enthalten sein kann. Bitte prüfen Sie stets die gewählten Produkte, dass diese auch wirklich glutenfrei sind! Das Produkt Essig zum Beispiel ist im Handel in glutenfreier und glutenhaltiger Form erhältlich.

Alternativprodukte bei Milcheiweißunverträglichkeit

Alle Rezepte sind mit Alternativzutaten für eine milcheiweißfreie Ernährung versehen. Diese sind jeweils unterhalb der milchhaltigen Zutat aufgeführt. Je nach Verträglichkeit und Geschmack kann ein Alternativprodukt nach Wahl verwendet werden, siehe Seite 28.

Fett und Öl

Sind im Rezept als Zutat „Fett" oder „Öl" angegeben, so kann ein Produkt nach Geschmack und Verträglichkeit gewählt werden. Öle aus Samen, Nüssen, Mais, Olive, Kokos, Distel oder Fette wie Ghee, Schweine- und Butterschmalz können zum Einsatz kommen. Leicht verdauliches Öl und Margarine auf Basis von mittelkettigen Fettsäuren (MCT) sind während der Anfangsphase der Zöliakie empfehlenswert.

Flohsamenschalen oder Xanthan

Sind beide Produkte separat im Rezept aufgeführt, so ist die Angabe zwingend einzuhalten, um ein gutes Ergebnis zu erzielen. Sind jedoch beide Produkte als Wahlmöglichkeit angeführt, entscheiden Sie selbst, welches Produkt Sie verwenden möchten.

Glutenfreies Mehl zum Bemehlen

Glutenfreier Teig ist häufig für seine klebrige Textur bekannt. Damit glutenfreier Teig jedoch weder an der Arbeitsfläche noch an den Händen oder der Teigrolle klebt, sollten Hände, Arbeitsfläche und Backutensilien stets gut bemehlt werden. Verwenden Sie hierzu glutenfreies Mehl Ihrer Wahl.

Glutenfreie Mehlmischungen in den Rezepten

Ist im Rezept die Zutatenangabe „glutenfreie Mehlmischung" aufgeführt, lesen Sie hierzu den Abschnitt „Die glutenfreien Mehle" auf Seite 20. Je nach Wunsch kann auf eine selbst hergestellte Mehlmischung oder eine Fertigmehlmischung zurückgegriffen werden.

Hefe

Setzen Sie Frisch- oder Trockenhefe nach Wahl ein. Das Gewicht pro Würfel Frischhefe beträgt 42 g. Trockenhefe wird in den Rezepten mit einem Gewicht pro Päckchen von 7 g verwendet.

Sahnestandmittel

Gerade zum Verzieren von Torten ist eine formstabile Schlagsahne notwendig. Im Handel sind glutenfreie Sahnestandmittel erhältlich. Sahnesteif kann jedoch selbst hergestellt werden. Um 200 ml Sahne fest aufzuschlagen, werden 1 TL Maisstärke und 1 TL Puderzucker gemischt und mit der Sahne fest aufgeschlagen.

DER GLUTENFREIE BISKUIT

Biskuit gelingt in glutenfreier Form ebenso einfach, wie man ihn aus der glutenhaltigen Bäckerei kennt. Mit Begeisterung habe ich bereits sehr früh nach der Ernährungsumstellung die köstlich-weiche Teigart zubereitet. Es war tatsächlich einer jener Grundteige, der sich problemlos herstellen ließ. Lediglich der glutenfreie Mehlanteil musste etwas angepasst werden, damit das Ergebnis ebenso weich und flaumig wurde. Torten, in ihrer ganzen Pracht und in unterschiedlichsten Geschmacksrichtungen, gehörten schon immer zu meinen liebsten Backwaren und ich bereite sie bis heute noch regelmäßig und besonders gerne zu. Wenn es schnell gehen muss, entscheide ich mich für einen klassischen Obstkuchen oder eine sahnig gefüllte Biskuitroulade.

Bei Einladungen bringe ich für die anstehende Kaffeetafel stets eine schöne glutenfreie Torte mit! Zu Hause schneide ich die Torte gleich in Stücke und lege einen Tortenheber dazu. Denn nur so kann ich sicher sein, dass meine glutenfreie Torte nicht mit einem Messer geschnitten wird, das vorher für Glutenhaltiges verwendet wurde. Die erstaunten Gesichter, dass die Torte tatsächlich glutenfrei ist, freuen mich jedes Mal!

BISKUIT FÜR KUCHEN

HERRLICH SOFTER GRUNDTEIG FÜR KLASSISCHE OBSTKUCHEN!

Für 1 Springform (26 cm ø)

- 3 Eier
- 60 g Puderzucker
- ½ P. Vanillezucker
- 80 g glutenfreie Mehlmischung, hell*
- 1 TL Backpulver

Variation: Dunkler Biskuit: Anstatt 80 g Mehl nur 60 g Mehl verwenden und zusätzlich 20 g Kakao zum Mehl mischen. Nach Rezept verfahren.

1. Die Eier trennen. Eiweiß mit der Hälfte des Puderzuckers fest aufschlagen.
2. Eidotter mit dem restlichen Puderzucker und dem Vanillezucker schaumig rühren.
3. Mehlmischung und Backpulver mischen und über die Eidottermasse sieben, Eiweiß ebenfalls zugeben und alles vorsichtig mit dem Schneebesen verrühren. In eine mit Backpapier ausgelegte Springform streichen.
4. Im vorgeheizten Backofen bei 180° C (Ober- und Unterhitze, auf mittlerer Schiene) 8–10 Minuten backen.
5. Biskuit aus der Form lösen, auf ein Kuchengitter stürzen und das Backpapier abziehen. Auskühlen lassen.

BISKUIT FÜR BLECHKUCHEN UND ROULADEN

GRUNDTEIG FÜR SAHNE-, BUTTERCREME- UND OBSTSCHNITTEN SOWIE FÜR BISKUITROULADEN

1. Teigzubereitung siehe „Biskuit für Kuchen".
2. Bei 180° C (Ober- und Unterhitze, auf mittlerer Schiene) 12–15 Minuten backen. Für Rouladen den Biskuit sofort auf ein sauberes Geschirrtuch stürzen, Backpapier abziehen und mitsamt dem Tuch aufrollen, auskühlen lassen. Die ausgekühlte Roulade vorsichtig auseinanderrollen und füllen.

Für 1 Backblech (ca. 30 x 40 cm)

- 5 Eier
- 100 g Puderzucker
- 1 P. Vanillezucker
- 120 g glutenfreie Mehlmischung, hell*
- ¾ P. Backpulver

Variation: Dunkler Biskuit: Anstatt 120 g Mehl nur 100 g Mehl verwenden und zusätzlich 30 g Kakao zum Mehl mischen. Nach Rezept verfahren.

BISKUIT FÜR TORTEN

WEICHER GRUNDTEIG FÜR PRÄCHTIGE TORTEN! DIESER TORTENBODEN LÄSST SICH BIS ZU 3 X TEILEN!

1. Teigzubereitung siehe „Biskuit für Kuchen".
2. Bei 180° C (Ober- und Unterhitze, auf mittlerer Schiene) 35–40 Minuten backen.

Tipp: *Für dunklen Biskuit anstatt 150 g Mehl nur 110 g Mehl verwenden und zusätzlich 40 g Kakao zum Mehl mischen. Nach Rezept verfahren.*

Für 1 Springform (26 cm Ø)

- 6 Eier
- 120 g Puderzucker
- 1 P. Vanillezucker
- 150 g glutenfreie Mehlmischung, hell*
- ¾ P. Backpulver

*Informationen zu glutenfreien Mehlmischungen siehe Seite 20.

DER GLUTENFREIE BRANDTEIG

Windbeutel – wer liebt nicht die luftigen Gebäckstücke aus Brandteig! Auch für Eclairs, Churros und Spritzkuchen stellt Brandteig die Basis dar. Aber nicht nur für süße Teilchen ist Brandteig ideal, auch pikant gefüllte Windbeutel schmecken köstlich und machen sich toll auf jedem Buffet!

Die Herstellung von Brandteig unterscheidet sich in glutenfreier Form nicht. Auch in puncto Geschmack und Konsistenz lässt es sich nur schwer erahnen, dass die Gebäckstücke glutenfrei sind. Der eireiche Teig bleibt in glutenfreier Variante ebenso schön formstabil und lässt sich toll verarbeiten.

Egal ob glutenfrei oder glutenhaltig – Brandteig benötigt beim Backen im Ofen eine gute Hitze, damit ein optimales Ergebnis erreicht wird. Ist die Backtemperatur zu niedrig oder die Backzeit zu kurz, so fallen die Gebäckstücke während des Auskühlvorgangs in sich zusammen und das luftige Resultat ist dahin! Während der Backzeit sollte das Öffnen der Backofentür vermieden werden, denn auch dadurch reagiert das Brandteiggebäck prompt, indem es in sich zusammenfällt. Backzeit und Backtemperatur sollten nach Rezeptangabe zwingend eingehalten werden, denn nur so bleiben die goldbraunen Gebäckstücke in Form. Nach dem Auskühlen können Windbeutel nach Herzenslust mit Sahne oder einer Quarkmasse und mit Beeren oder Früchten gefüllt werden. Ungefüllt lassen sich Windbeutel übrigens prima einfrieren. Die ausgekühlten Gebäckstücke einfach bei Zimmertemperatur auftauen lassen und nach Wunsch füllen.

BRANDTEIG FÜR WINDBEUTEL, ECLAIRS UND BRANDTEIGKRAPFEN

1. In einem Topf Wasser, Salz, Zucker und Butter aufkochen. Vom Herd nehmen, die Mehlmischung auf einmal „im Sturz" zugeben und mit dem Kochlöffel rasch glatt rühren.
2. Den Teig im Topf belassen und auf der Herdplatte unter starker Bearbeitung mit einem Kochlöffel abrühren (abbrennen), bis sich ein Kloß bildet und sich am Topfboden eine weiße Haut absetzt. Topf vom Herd nehmen, Teig etwas auskühlen lassen und das Backpulver unterrühren.
3. Die Eier einzeln, eines nach dem anderen, zum Teig geben und jeweils gut unter die Masse arbeiten. Für eine einfache und rasche Teigherstellung empfiehlt sich hierzu das Handrührgerät mit Quirlen.

- 250 ml Wasser
- 1 Prise Salz
- 1 TL Zucker
- 80 g Butter (ggf. laktosefrei)
- ❖ *Margarine, vegan*
- 125 g glutenfreie Mehlmischung, hell*, gesiebt
- 4 Eier
- ¼ TL Backpulver

*Informationen zu glutenfreien Mehlmischungen siehe Seite 20.

Tipp: *Brandteig ist die Teigmasse für ein Gebäck, das man in Flüssigkeit garen, in Fett ausbacken oder im Ofen backen kann.*
Für das Backen im Ofen braucht der Brandteig eine große Hitze, ca. 200–220° C. Ist die Hitze zu schwach, fällt das Gebäck in sich zusammen. Ist die Hitze allerdings zu stark, verhindert diese das Aufgehen der Teiglinge.

DER GLUTENFREIE HEFETEIG FÜR PIKANTES UND SÜßES

Seit vielen Jahren halte ich glutenfreie Backkurse ab. Im Lauf der Zeit hat sich herauskristallisiert, dass die Herstellung von glutenfreiem Hefeteig für betroffene Personen das größte Problem darstellt. Angelehnt an entsprechende glutenhaltige Rezepte wird glutenfreies Hefeteiggebäck sehr trocken, fest und ist am nächsten Tag nicht mehr essbar! Die Zubereitung von glutenfreiem Hefeteig muss regelrecht neu erlernt werden, damit sich schmackhafte Ergebnisse einstellen. Selbst erfahrene Back-Koryphäen scheitern anfänglich an der beliebten Teigart. Aber ich kann Ihnen versichern, in glutenfreier Form schmeckt und gelingt Hefeteig wunderbar, jedoch müssen verschiedene Punkte beachtet werden. Eine Kursteilnehmerin meinte einmal in einem meiner Backkurse, ihr sei der glutenfreie Hefeteig nie gelungen, da die Herstellung im Gegensatz zum glutenhaltigen viel zu einfach sei! Es klingt paradox, aber es ist tatsächlich so! Glutenfreier Hefeteig hat eine von Grund auf veränderte, aber wesentlich einfachere Herstellungsweise. Seien Sie gespannt und probieren Sie den glutenfreien Hefeteig aus – Sie werden begeistert sein!

ZUTATEN UND KONSISTENZ

Hefe: Ganz klar – eine Grundzutat von Hefeteig ist natürlich Hefe. Ohne Weiteres kann auf Frisch- oder Trockenhefe zurückgegriffen werden. Es hat keinen Einfluss auf das Endergebnis, welche Hefeart zum Einsatz kommt. Ausschlaggebend, damit sich die Hefe gut entwickelt, ist das Auflösen der Hefe. Egal welches Hefeteiggebäck zubereitet wird, Flüssigkeit wird stets in Form von Wasser oder Milch benötigt. Diese Flüssigkeit wird lauwarm erwärmt, circa 30 bis maximal 35 Grad, und die Frisch- oder Trockenhefe darin aufgelöst. Es ist jedenfalls darauf zu achten, dass die Flüssigkeit nicht zu warm oder gar heiß ist, denn sonst geht die Hefe nicht oder nicht mehr ausreichend auf.

Binde- und Verdickungsmittel: Glutenfreier Hefeteig enthält kaum bindende Zutaten. So sollte ein Binde- und Verdickungsmittel zum Einsatz kommen, um das fehlende Gluten zu ersetzen. Xanthan ist ein optimales Bindemittel, um eine weiche und elastische Teigtextur zu erzielen. Auf 250 g glutenfreies Mehl ist 1 gestrichener Teelöffel Xanthan optimal. Nehmen sie jedoch nicht mehr Xanthan als im Rezept angegeben! Sonst erhält man keinen Teig, sondern einen großen „Kaugummi", welcher sich kaum verarbeiten lässt. Das fertige Gebäck würde zudem hart und trocken!

Vorteig: Glutenfreier Hefeteig gelingt ohne Vorteig wunderbar. So lässt sich der glutenfreie Hefeteig rasch im All-in-Verfahren, wie nachfolgend beschrieben, bestens herstellen. Wer möchte, kann aber einen Vorteig herstellen. Die Vorgehensweise ist ebenfalls nachfolgend ersichtlich.

Teigkonsistenz: Der glutenfreie Hefeteig darf keinesfalls zu fest sein! Das glutenfreie Mehl quillt nach und durch die Aufgehzeit trocknet der Teig sonst zu sehr aus. Das Backergebnis würde so fest und trocken sein. Glutenfreier Hefeteig soll eine weiche, aber gut knetbare Teigkonsistenz aufweisen. Bei Bedarf mit wenig Flüssigkeit regulieren.

Teig formen: Damit sich der glutenfreie Hefeteig ohne zu kleben gut formen lässt, sollten die Arbeitsfläche, der Teig und die Hände stets bemehlt werden. Achten Sie darauf, dass nicht das gesamte glutenfreie Mehl, das zum Formen gedacht ist, in den Teig eingeknetet wird, sonst wird der Teig zu trocken. Nehmen Sie stets nur so viel glutenfreies Mehl, dass der Teig nicht klebt. Ist die Teigkonsistenz außergewöhnlich klebrig, so ist eine Teigruhezeit von 20 bis 30 Minuten empfehlenswert. Dadurch quillt das glutenfreie Mehl nach und der Teig lässt sich dann leichter verarbeiten.

Aufgehzeit: Viele Aufgehzeiten tun dem glutenfreien Hefeteig nicht gut und er trocknet bei jeder Aufgehzeit nach. Anders als aus der glutenhaltigen Bäckerei bekannt, reicht eine Aufgehzeit meist völlig aus. Gehen Sie nach der Rezeptbeschreibung vor und formen Sie den Teig. Dann werden die Teiglinge für die angegebene Aufgehzeit an einem warmen Ort gegeben und nach dieser Zeit unmittelbar gebacken.

Aufgehort: Damit die Hefe im glutenfreien Teig optimal arbeiten kann, benötigt der Hefeteig eine warme Umgebung. Der Backofen ist eine gute Möglichkeit, um Hefeteig aufgehen zu lassen, die Temperatur kann bequem eingestellt werden und der Teigling ist vor Zugluft geschützt.

So nutzen Sie den Backofen als Aufgehort: Den Backofen für 10 Minuten auf 50° C (Ober- und Unterhitze) aufheizen. Dann den Backofen ausschalten und einige Minuten warten, bis eine angenehme und milde Wärme zu spüren ist, circa 30 bis 35 Grad. Ist der Ofen zu warm, bildet sich auf der Teigoberfläche eine hauchdünne Kruste und der Teig geht nicht mehr gut auf. Die Teiglinge oder den ausgerollten Hefeteig im Backofen nach Rezeptangabe aufgehen lassen. Die Backofentür dabei schließen. Den Hefeteig nicht länger als im Rezept beschrieben aufgehen lassen, sonst kann es sein, dass der Teig in sich zusammenfällt und das fertige Gebäck an Luftigkeit verliert.

ZUBEREITUNG VON HEFETEIG MIT VORTEIG:

1. Vorteig zubereiten

Das Mehl in eine Schüssel sieben. Eine Mulde in das Mehl drücken. Die Hefe (Trocken- oder Frischhefe) hineinbröckeln oder zugeben und mit etwas Zucker bestreuen. Dann die Hefe mit wenig Mehl und wenig lauwarmer Flüssigkeit zu einem flüssigen Brei anrühren. Die zu verwendende Flüssigkeit sollte stets lauwarm sein, also um 30 bis 35° C haben. Die Schüssel mit einem Geschirrtuch abdecken und an einem warmen Ort 10 Minuten aufgehen lassen. Siehe „Aufgehort" wie oben beschrieben.

2. Teig herstellen

Die restlichen Zutaten für den Hefeteig mit in die Schüssel geben und alles gut verkneten. Den Teig auf eine bemehlte Arbeitsfläche geben, mit den Händen kneten und in die gewünschte Form bringen. An einem warmen Ort nach Rezeptangabe aufgehen lassen und anschließend nach Rezept backen.

ZUBEREITUNG VON HEFETEIG IM ALL-IN-VERFAHREN:

1

1. Alle trockenen Zutaten für den Teig in eine Rührschüssel geben.

2

2. Die trockenen Zutaten kurz mischen.

3

3. Die Trocken- oder Frischhefe in der lauwarmen Flüssigkeit auflösen.

4

4. Hefewasser und alle restlichen Zutaten zum Mehlgemisch geben.

5

5. Mit einem Kochlöffel oder einem Rührgerät rasch alle Zutaten verkneten.

6

6. Den Teig auf eine mit glutenfreiem Mehl bestäubte Arbeitsfläche geben.

7

7. Mit bemehlten Händen den Teig kurz kneten, bis ein glatter und weicher, aber dennoch gut knetbarer Teig entsteht.

8

8. Den Teig auf der bemehlten Arbeitsfläche, je nach Rezept, in Form bringen. Teigling an einem warmen Ort nach Rezeptangabe aufgehen lassen und anschließend backen.

HEFETEIG PIKANT – PIZZATEIG

ALLE LIEBEN PIZZA! DAS GRUNDREZEPT IST IDEAL FÜR PIZZA, STOCKBROT UND PIKANTES HEFEGEBÄCK!

1. Frisch- oder Trockenhefe im lauwarmen Wasser auflösen.
2. Alle trockenen Zutaten in eine Rührschüssel geben und mischen.
3. Das Hefewasser und Öl zum Mehlgemisch geben und alles mit einem Kochlöffel oder Rührgerät zu einem glatten Teig verkneten. Der Teig soll weich, aber dennoch gut knetbar sein. Nach Bedarf mit glutenfreiem Mehl oder Wasser regulieren.
4. Den Teig auf eine bemehlte Arbeitsfläche geben und mit bemehlten Händen kurz kneten.
5. Den Teig, je nach Rezept, formen oder für Pizza ein mit Backpapier ausgelegtes Backblech damit auslegen. An einem warmen Ort ca. 30–45 Minuten aufgehen lassen.

- Die Backzeit für Pizza beträgt 30–35 Minuten bei 180° C (Ober- und Unterhitze, auf unterer Schiene).
- Die Backzeit für pikante Schnecken und Kleingebäck beträgt 25–30 Minuten bei 180° C (Ober- und Unterhitze, auf mittlerer Schiene).

Tipps zum Pizzabelag pro Backblech: *250 g Tomatensoße, Salz, Pfeffer, Oregano, 200 g geriebener Mozzarella (ggf. laktosefrei) oder veganer Käseersatz. Nach Belieben: Salami, Kochschinken, gebratenes Hackfleisch, Thunfisch, Tomaten, Paprika, Ananas, Zwiebeln, Champignons, Mais, Zucchini usw.*
Den aufgegangenen Teig mit Tomatensoße bestreichen, mit Salz, Pfeffer und Oregano würzen und mit geriebenem Mozzarella bestreuen. Nach Wunsch mit weiteren Zutaten belegen.

Für 1 Backblech (ca. 30 x 40 cm)

- 35 g Frischhefe ODER 1,5 P. Trockenhefe
- 300 ml Wasser, lauwarm
- 375 g glutenfreie Mehlmischung, hell*
- 1,5 TL Flohsamenschalenpulver ODER 1 gestr. TL Xanthan
- ¼ TL Zucker
- 1 TL Salz
- 2 EL Öl

VARIATION: PIZZABODEN – KNUSPERDÜNN

Für 1 Backblech (ca. 30 x 40 cm)

- 25 g Frischhefe ODER 1 P. Trockenhefe
- 200 ml Wasser, lauwarm
- 250 g glutenfreie Mehlmischung, hell*
- 1 TL Flohsamenschalenpulver ODER ½ TL Xanthan
- 1 Prise Zucker
- 1,5 EL Öl
- ¾ TL Salz

Im vorgeheizten Backofen bei 220° C (Ober- und Unterhitze, untere Schiene) 12–14 Minuten backen. Dann die Pizza auf den Backofenboden stellen und weitere 3–4 Minuten backen.

*Informationen zu glutenfreien Mehlmischungen siehe Seite 20.

HEFETEIG SÜß

EIN GELINGSICHERES GRUNDREZEPT FÜR SÜßE HEFETEIGBACKWAREN ALLER ART! IDEAL FÜR HEFEKUCHEN MIT OBSTBELAG, KÄSEKUCHEN SOWIE NUSS-, MOHN- UND KLASSISCHEN HEFEZOPF!

Für 1 Backblech (ca. 30 x 40 cm) oder 1 großen Hefezopf

- 450 g glutenfreie Mehlmischung, hell*
- 50 g Tapioka- ODER Kartoffelstärke
- 80 g Zucker
- 2 gestr. TL Xanthan
- 1 P. Vanillezucker
- 1 Prise Salz
- 1 Würfel Frischhefe ODER 2 P. Trockenhefe
- 250 ml Milch (ggf. laktosefrei), lauwarm
- ❖ *Milchersatz auf Hirse-, Kokos-, Mandel-, Nuss-, Reis- oder Sojabasis**, vegan*
- 80 g Butter (ggf. laktosefrei), flüssig
- ❖ *Margarine, vegan*
- 2 Eier

*Informationen zu glutenfreien Mehlmischungen siehe Seite 20.

**Wird ein eher wässriger Milchersatz verwendet, etwa Hirse- oder Reisdrink, so reduziert sich die vegane Milchersatzmenge auf ca. 225 ml.

1. Mehlmischung, Tapioka- oder Kartoffelstärke, Zucker, Xanthan, Vanillezucker und Salz in eine Rührschüssel geben und mischen.
2. Die Hefe, egal ob Frisch- oder Trockenhefe, in der lauwarmen Milch auflösen.
3. Hefemilch, Butter und Eier zum Mehlgemisch geben und alles zu einem glatten Teig verarbeiten.
4. Den Teig auf einer bemehlten Arbeitsfläche je nach Rezept in Form bringen. Wenn der Teig sehr klebrig ist, stets gut bemehlen. Für Blechkuchen den Teig ausrollen und ein befettetes Backblech damit auslegen. Für Hefezöpfe oder süße Schnecken den Teig entsprechend formen.
5. Den Teig oder die Teiglinge an einem warmen Ort 45–60 Minuten aufgehen lassen, je nach Rezeptangabe.
   - Backzeit für Hefekuchen mit Obstbelag: Bei 190° C (Ober- und Unterhitze) 35–40 Minuten.
   - Backzeit für Käsekuchen auf dem Blech: Bei 160° C (Ober- und Unterhitze) ca. 60 Minuten.
   - Backzeit für Hefezopf: Bei 190° C (Ober- und Unterhitze) ca. 50 Minuten.
   - Backzeit für süße Schnecken: Bei 180° C (Ober- und Unterhitze) 20–25 Minuten.

__Tipp:__ Hilfreiche Informationen zur glutenfreien Hefeteigherstellung siehe Seite 38.

DER GLUTENFREIE MÜRBETEIG

Das Backen mit dieser beliebten Teigart, aber in glutenfreier Form, ließ mich anfänglich schier verzweifeln! Bereits die Teigherstellung selbst endete immer in einem kleinen Desaster, da sich die Teigbestandteile einfach nicht verbinden wollten. Mein Mürbeteig bestand lediglich aus unzähligen kleinen Brocken und Bröseln und selbst mit noch mehr Elan und Mühe schaffte ich es zunächst nicht, einen glatten und geschmeidigen Teig hinzubekommen. Meine Annahme, durch etwas mehr Butter oder Margarine würde ein geschmeidiger und formbarer Teig entstehen, bestätigte sich. Aber: Das Endergebnis waren zerlaufene Plätzchen und Mürbeteigkuchen, die zwischen den Fingern zerbröselten, ehe man einen Bissen in den Mund bekam!

Im Laufe der Zeit setzte ich dann spezielle Binde- und Verdickungsmittel ein und siehe da – glutenfreier Mürbeteig funktioniert prima! Guarkernmehl, Johannisbrotkernmehl, Pfeilwurzelstärke und Flohsamenschalenpulver sind als Bindemittel möglich, aber mit dem Binde- und Verdickungsmittel Xanthan erziele ich stets tolle Ergebnisse. Für besonders formstabile Backwaren, wie zum Beispiel Nussecken, verwende ich gerne Flohsamenschalenpulver und zusätzlich Xanthan. So lassen sich die kleinen Köstlichkeiten prima schneiden, ohne zu zerbröseln.

Mürbeteig ist die Basis für Kuchen, Quiches, Tartes und Weihnachtsplätzchen. Die Herstellung erfolgt ebenso wie glutenhaltiger Mürbeteig, jedoch mit der Zugabe von speziellen Binde- und Verdickungsmitteln. Mürbeteig benötigt eine Teigkühlzeit. Da er sich nach der Kühlzeit aber meist schwer weiterverarbeiten lässt, lege ich gleich nach der Teigherstellung die gewünschte Backform damit aus und kühle den Teig mitsamt der Kuchenform! So ist der Arbeitsaufwand nach der Teigkühlzeit minimal. Der Teig wird lediglich gefüllt oder belegt und kann sogleich im Ofen gebacken werden.

MÜRBETEIG PIKANT

DIE BASIS FÜR HERZHAFTE QUICHES UND PIKANTE TARTES!

Für 1 Springform (26 cm Ø) = 12 Stück

- 220 g glutenfreie Mehlmischung, hell*
- 1 TL Flohsamenschalenpulver ODER 1 gestr. TL Xanthan
- 100 g Butter (ggf. laktosefrei), kalt
- ✣ *85 g Margarine, vegan*
- 1 Ei
- 4 EL Wasser
- ¼ TL Salz
- Fett für die Form
- ✣ *auf Milchbestandteile achten*

1. Die Mehlmischung in eine Schüssel sieben, Flohsamenschalenpulver oder Xanthan untermischen. Die kalte Butter in kleinen Flöckchen zum Mehl geben. Alle restlichen Zutaten ebenfalls zufügen und alles rasch zu einem glatten Teig kneten.
2. Den Teig, je nach Rezept, gleichmäßig in eine Form verteilen, ggf. Rand hochziehen. Im Kühlschrank 30 Minuten ruhen lassen, anschließend nach Rezept verarbeiten.
   Backzeit für Quiches und pikante Tartes bei ca. 200° C (Ober- und Unterhitze, auf mittlerer Schiene) 30–35 Minuten.

*Informationen zu glutenfreien Mehlmischungen siehe Seite 20.

MÜRBETEIG SÜß

ZARTER GRUNDTEIG FÜR TARTES, TORTELETTS UND KUCHEN WIE KÄSE- UND OBSTKUCHEN.

1. Die Mehlmischung in eine Schüssel sieben, Flohsamenschalenpulver oder Xanthan untermischen. Die kalte Butter in kleinen Flöckchen zum Mehl geben. Alle restlichen Zutaten ebenfalls zugeben. Mit kalten Händen rasch zu einem glatten Teig kneten.
2. Den Teig je nach Rezept gleichmäßig in eine befettete Form verteilen, ggf. Rand hochziehen. Im Kühlschrank 30 Minuten ruhen lassen, anschließend nach Rezept verarbeiten.
   - Je nach Rezept beträgt die Backzeit für Kuchen ca. 45 Minuten bei 180° C (Ober- und Unterhitze, auf mittlerer Schiene).
   - Die Backzeit für Torteletts beträgt ca. 10 Minuten bei 190° C (Ober- und Unterhitze, auf mittlerer Schiene).

Für 1 Springform (26 cm Ø) = 12 Stück

- 220 g glutenfreie Mehlmischung, hell*
- 1 TL Flohsamenschalenpulver ODER 1 gestr. TL Xanthan
- 150 g Butter (ggf. laktosefrei), kalt
- ❖ *130 g Margarine, vegan*
- 80 g Zucker
- 1 Ei
- 1 TL Backpulver
- 1 Prise Salz
- Fett für die Form
- ❖ *auf Milchbestandteile achten*

Tipp 1: *Bei glutenfreiem Mürbeteig ist es besonders wichtig, dass die Butter gut gekühlt verarbeitet wird und dass er eine Ruhezeit im Kühlschrank hat.*

Tipp 2: *Xanthan verleiht dem Teig eine formstabilere Textur und der fertige Mürbeteig bröselt weniger als durch die Zugabe von Flohsamenschalenpulver.*

*Informationen zu glutenfreien Mehlmischungen siehe Seite 20.

DER GLUTENFREIE QUARK-ÖL-TEIG

Wie der Name bereits vermuten lässt, enthält die Teigart neben weiteren typischen Teigzutaten Quark und Öl. Quark-Öl-Teig ist eine tolle Alternative zu Hefeteig! Er gelingt rasch, benötigt keine Aufgehzeit und ist ebenso schmackhaft wie der beliebte Hefeteig. Für Käsekuchen- und Obstkuchenböden ist Quark-Öl-Teig ideal, aber auch für süßes Kleingebäck. Bei uns in Franken ist der Zwetschgendatschi (Zwetschgenkuchen) eine äußerst beliebte Kuchenart während der Herbstzeit. Er ist herrlich saftig und fruchtig zugleich und wer mag, kann den fränkischen Traditionskuchen mit glutenfreien Streuseln verfeinern. Das Rezept dazu sehen Sie auf Seite 81. In herzhafter Variante ist Quark-Öl-Teig ebenfalls sehr gut einsetzbar. Er kann die Basis für Quiches und Pizza bieten.

Bei Bedarf kann Quark-Öl-Teig auch milcheiweißfrei zubereitet werden: Quark wird dann gegen Seidentofu oder einen Quarkersatz auf Sojabasis getauscht.

QUARK-ÖL-TEIG FÜR KLEINGEBÄCK UND KUCHEN

DIE SCHNELLE ALTERNATIVE ZU SÜßEM HEFETEIG. GRUNDTEIG FÜR SÜßES KLEINGEBÄCK SOWIE OBST-, KÄSE- UND STREUSELKUCHEN!

Für 1 Backblech (ca. 30 x 40 cm) = 24 Stück

- 250 g Quark, 20 % Fett i. Tr. (ggf. laktosefrei)
- ❖ *200 g Seidentofu ODER Quarkersatz auf Sojabasis*
- 6 EL Öl
- 1 Prise Salz
- 75 g Zucker
- 2 Eier
- 300 g glutenfreie Mehlmischung, hell*
- 1 TL Xanthan
- 1 P. Backpulver
- NUR NACH BEDARF: bis 8 EL Milch (ggf. laktosefrei)
- ❖ *Milchersatz auf Hirse-, Kokos-, Mandel-, Nuss-, Reis- oder Sojabasis, vegan*

1. Quark, Öl, Salz, Zucker und Eier glatt rühren.
2. Mehlmischung, Xanthan und Backpulver mischen und zur Quarkmasse geben. Alles zu einem glatten Teig kneten. Der Teig soll eine weiche, aber formbare Konsistenz aufweisen. Je nach Teigbeschaffenheit wenig Milch oder Mehl zugeben und einkneten.
3. Den Teig je nach Rezept in die gewünschte Form bringen.
   - Backzeit für Streusel- und Obst-Blechkuchen: bei 180° C (Ober- und Unterhitze, auf mittlerer Schiene) 40–45 Minuten.
   - Backzeit für Käsekuchen: bei 180° C (Ober- und Unterhitze, auf mittlerer Schiene) 50–55 Minuten.
   - Backzeit für Kleingebäck: bei 180° C (Ober- und Unterhitze, auf mittlerer Schiene) 20–25 Minuten.

Tipp: *Die halbe Zutatenmenge reicht für eine Springform mit 26 cm Durchmesser.*

*Informationen zu glutenfreien Mehlmischungen siehe Seite 20.

DER GLUTENFREIE RÜHRTEIG

Was wäre heute ein Kindergeburtstag ohne kreative Muffins? Der klassische Marmorkuchen begleitet uns selbst von Kindesbeinen an ... Und Sand-, Zitronen- und Nusskuchen sind ohnehin allzeit beliebte Rührteigkuchen-Varianten bei Groß und Klein!

Wird der Mehlanteil in herkömmlichen Rührteigrezepten 1 : 1 durch glutenfreies Mehl getauscht, so wird schnell klar, dass die Eigenschaften der glutenfreien Mehle gänzlich anders sind! Meine erste Erfahrung mit glutenfreiem Rührteig konnten Sie bereits dem Vorwort entnehmen. Rührteige in glutenhaltiger Form zählen zu den einfachen Teigarten und so war ich wirklich unangenehm überrascht, dass diese „einfache" Teigart nun nicht gelingen mochte! Aber was war die Ursache, dass mein glutenfreier Marmorkuchen so unbeschreiblich fest, trocken und krümelig wurde? Glutenfreie Mehlmischungen enthalten meist einen hohen Stärkeanteil. Glutenfreie Stärke, aber auch verschiedene glutenfreie Mehle benötigen deutlich mehr Flüssigkeit als herkömmliches Weizenmehl. Zudem fehlt das Bindemittel Gluten, um dem Teig Bindung und Elastizität zu verleihen. Durch eine zusätzliche Gabe von Hühnereiern lässt sich das fehlende Gluten jedoch gut ausgleichen. Auch muss die Teigkonsistenz berücksichtigt werden. Bei glutenhaltigen Teigen wird die Konsistenz „zäh" oder „schwer reißend vom Löffel lösend" beschrieben. Weist jedoch glutenfreier Rührteig eine solche Teigkonsistenz auf, ist ein weiches und lockeres Backergebnis ausgeschlossen! Glutenfreier Rührteig muss eine cremig-weiche Textur aufweisen, damit ein lockeres Backergebnis zum Vorschein kommt.

DER GLUTENFREIE STRUDELTEIG

Wer hätte das gedacht! Glutenfreier Strudelteig lässt sich so hauchdünn ausrollen, dass das Muster des darunterliegenden Geschirrtuchs erkennbar ist! Und das, ohne dass der Teig reißt oder bricht!

Erstmalig habe ich den Versuch, glutenfreien Strudelteig herzustellen, gewagt, um Apfelstrudel herzustellen. Bei uns in Franken ist Apfelstrudel mit Vanillesoße äußerst beliebt und so dauerte es nicht lange, bis ich die Süßspeisenspezialität ausprobierte. Es waren in der Tat nur wenige Anläufe notwendig und schnell zeigte sich, dass glutenfreier Strudelteig für süße und herzhafte Rezepte ganz wunderbar gelingt! Ich nutze dafür eine helle glutenfreie Mehlmischung und zusätzlich Flohsamenschalenpulver. Das Bindemittel ist nötig, damit die formstabile Textur erreicht wird. Die kleine Teigmenge wirft anfänglich Zweifel auf, ob sich daraus ein großer, prächtiger Strudel herstellen lässt – aber es funktioniert prima und die hauchdünne Teigschicht ist ideal für saftige Strudel!

Mittlerweile bereite ich regelmäßig verschiedene Strudelvariationen in süßer und herzhafter Form zu. Strudel schmecken kalt und warm köstlich. Herzhafte Strudel ergeben mit Salat ein feines Hauptgericht und süße Strudel schmecken zum Nachmittagskaffee großartig!

In diesem Buch finden Sie je drei Rezepte für süße und herzhaft gefüllte Strudel. Besuchen Sie auch meinen YouTube-Kanal „Tanja's glutenfreies Kochbuch", dort sehen Sie die Herstellung von Apfelstrudel.

STRUDELTEIG FÜR SÜSSE UND PIKANTE STRUDEL

DIESER STRUDELTEIG LÄSST SICH WUNDERBAR DÜNN AUSROLLEN, OHNE ZU REISSEN!

1. Das Mehl in eine Schüssel sieben, Flohsamenschalenpulver, Ei und Salz zugeben. So viel Wasser zufügen, bis ein glänzend glatter Teig entsteht. Der Teig soll sich gut mit den Händen kneten lassen.
2. Den Teig in Frischhaltefolie wickeln und ruhen lassen, bis die Füllung hergestellt ist.

Für 1 Strudel

- 150 g glutenfreie Mehlmischung, hell*
- 1 TL Flohsamenschalenpulver
- 1 Ei
- 1 Prise Salz
- 90 ml Wasser, lauwarm

*Informationen zu glutenfreien Mehlmischungen siehe Seite 20.

SÜßES KLEINGEBÄCK

QUARKKRÄNZCHEN

WER KLEINE, SÜßE PLUNDERTEILCHEN VERMISST, LIEGT BEI DIESEM REZEPT GENAU RICHTIG!

Foto links

Für 6 große und 4 kleine Quarkkränzchen = 1 Backblech

Für den Teig:

- ½ Würfel Frischhefe ODER 1 P. Trockenhefe
- 200 ml Milch (ggf. laktosefrei), lauwarm
- ❖ *Cashewdrink*
- 450 g glutenfreie Mehlmischung, hell
- 60 g Zucker
- 2 P. Vanillezucker
- 1 gestr. TL Xanthan
- 1 TL Flohsamenschalenpulver
- 1 TL Backpulver
- 125 g Joghurt (ggf. laktosefrei)
- ❖ *Joghurtersatz auf Sojabasis*
- 50 ml Sahne (ggf. laktosefrei)
- ❖ *Sahneersatz auf Kokosbasis*
- 45 g Butter (ggf. laktosefrei), flüssig
- ❖ *Margarine, vegan*
- 1 Ei
- 1 Eiweiß zum Bepinseln

Für die Quarkfüllung:

- 250 g Magerquark (ggf. laktosefrei)
- ❖ *200 g Quarkersatz auf Sojabasis*
- 30 g Butter (ggf. laktosefrei), weich
- ❖ *Margarine, vegan*
- 75 g Puderzucker
- 1 P. Vanillezucker
- 1 Ei
- 1 Eigelb
- 1,5 EL Vanillepuddingpulver
- Nach Geschmack: Aprikosenhälften, Heidelbeeren, Himbeeren, Johannisbeeren usw.
- Puderzucker zum Bestäuben

1. Den Teig herstellen. Die Hefe, egal ob Frisch- oder Trockenhefe, in der lauwarmen Milch auflösen. Alle trockenen Zutaten für den Teig in eine Rührschüssel geben und mischen. Alle restlichen Zutaten für den Teig, auch die Hefemilch, zum Mehlgemisch geben und alles gut verkneten. Der Teig soll weich, aber dennoch knetbar sein. Bei Bedarf noch etwas glutenfreies Mehl oder Milch unter den Teig kneten. Den Hefeteig auf eine gut bemehlte Arbeitsfläche geben und mit bemehlten Händen kurz kneten.
2. Zwei Drittel des Teiges auf der bemehlten Arbeitsfläche ca. 5 mm dünn ausrollen. 6 Teigkreise mit je ca. 10–11 cm Durchmesser ausstechen und 4 Teigkreise mit je ca. 6–7 cm ausstechen. Hierzu eignen sich kleine Glasschüsseln oder Gläser sehr gut. Die Teigkreise auf ein mit Backpapier ausgelegtes Backblech legen.
3. Nun aus dem restlichen Teig dünne Stränge formen und jeweils zwei Stränge miteinander verwickeln, sodass dünne Teigkordeln entstehen. Die Ränder der Teigkreise mit Eiweiß bepinseln und die Teigkordeln auflegen. Für die kleinen Teigkreise muss nicht zwingend eine Teigkordel verwendet werden, es reicht auch aus, wenn ein dünner Teigstrang aufgelegt wird.
4. Die Teiglinge an einem warmen Ort ca. 45 Minuten aufgehen lassen.
5. Alle Zutaten für die Quarkfüllung verrühren und die Teiglinge damit füllen. Nach Geschmack einige Früchte oder Beeren auf die Quarkmasse geben. Die Teigkordeln mit dem restlichen Eiweiß bepinseln.
6. Im vorgeheizten Backofen bei 175° C (Ober- und Unterhitze, auf mittlerer Schiene) 30–35 Minuten goldgelb backen.
7. Die ausgekühlten Quarkkränzchen mit Puderzucker bestäuben.

BISKUITTÖRTCHEN

HIMMLISCH KLEINE TÖRTCHEN AUS WEICHEM BISKUIT!

Für 12 Stück

- 1 Grundrezept „Biskuit für Blechkuchen und Rouladen“, siehe Seite 35

Für die Füllung:

- 4 Blatt Gelatine
- 150 g Quark, 20 % Fett (ggf. laktosefrei)
- ❖ *120 g Quarkersatz auf Sojabasis*
- 2 EL Zucker
- 2 P. Vanillezucker
- 400 ml Sahne (ggf. laktosefrei)
- ❖ *aufschlagbarer Sahneersatz auf Kokosbasis*

Für den Belag:

- 500 g Beeren oder Obst, klein geschnitten
- ½ P. Tortenguss, klar
- 1 EL Zucker
- einige Minzeblätter

1. Den Biskuit nach Anleitung herstellen. Den fertigen Biskuit auf ein sauberes Geschirrtuch stürzen, Backpapier abziehen und sofort mitsamt dem Geschirrtuch aufrollen. Auskühlen lassen.
2. Für die Füllung die Gelatine in kaltem Wasser einweichen. Quark, Zucker und ein Päckchen Vanillezucker verrühren. Die Gelatine ausdrücken und in 2 EL heißem Wasser auflösen. 1 EL von der Quarkmasse mit der Gelatine verrühren, dann die Gelatine rasch unter die Quarkmasse rühren. Im Kühlschrank etwas gelieren lassen.
3. Die Sahne mit dem zweiten Päckchen Vanillezucker steif schlagen. 4 EL Sahne wegnehmen, in eine Tortenspritze mit Sterntülle einfüllen und in den Kühlschrank legen. Die restliche Sahne unter die leicht gelierte Quarkmasse heben.
4. Den Biskuit vorsichtig auseinanderrollen und mit der Creme befüllen. Biskuit locker aufrollen und die Rolle mindestens 2 Stunden kühlen.
5. Die Biskuitrolle in 12 Stücke schneiden. Die Biskuitstücke auf eine Kuchenplatte legen und mit Beeren oder Obststücken belegen.
6. Den Tortenguss nach Packungsanleitung mit der entsprechenden Wassermenge laut Packungsangabe und 1 EL Zucker zubereiten. Den Fruchtbelag mit Tortenguss überziehen und die Biskuittörtchen mit Sahnetuffs und Minzeblättern verzieren.

APFELBERLINER

WEICHES SCHMALZGEBÄCK – VERFEINERT MIT AROMATISCHEN APFELSTÜCKEN. EIN KÖSTLICHER GENUSS!

1. Die Äpfel schälen, entkernen und in kleine Würfel schneiden.
2. Die Hefe, egal ob Frisch- oder Trockenhefe, in der lauwarmen Milch auflösen.
3. Alle trockenen Zutaten für den Teig in eine Schüssel geben und mischen. Alle restlichen Zutaten für den Teig, auch die Hefemilch, zum Mehlgemisch geben und zu einem Teig kneten. Den Teig auf eine bemehlte Arbeitsfläche geben und mit den Händen kurz kneten. Der Teig soll weich, aber dennoch knetbar sein, ggf. mit wenig glutenfreiem Mehl oder wenig Milch regulieren.
4. Den Teig auf der bemehlten Arbeitsfläche ca. 5 mm dünn zu einem Rechteck ausrollen. Die Teigplatte mit Eiweiß bestreichen und mit den Apfelwürfeln belegen.
5. Den Teig von der Längsseite her aufrollen und 2 cm dicke Scheiben abschneiden. Diese auf ein mit Backpapier ausgelegtes Backblech legen und an einem warmen Ort ca. 45 Minuten aufgehen lassen.
6. Das Fett in einem hohen Topf erhitzen. Die Teiglinge bei 170° C von beiden Seiten goldbraun ausbacken. Achtung, das Fett sollte nicht zu heiß sein, sonst werden die Apfelberliner außen zu schnell dunkel und sind innen nicht durchgebacken. Auf Küchenpapier abtropfen lassen.
7. Zimt, Zucker und Vanillezucker mischen, die Apfelberliner darin wälzen und servieren.

Für ca. 15 Stück

Für den Hefeteig:

- 30 g Frischhefe ODER 1,5 P. Trockenhefe
- 150 ml Milch (ggf. laktosefrei), lauwarm
- ❖ *Mandeldrink*
- 200 g glutenfreie Mehlmischung, hell
- 50 g Kartoffel- bzw. Tapiokastärke
- 50 g Zucker
- 1 P. Vanillezucker
- 1 TL Flohsamenschalenpulver
- 1 gestr. TL Xanthan
- 1 Prise Salz
- 40 g Butter (ggf. laktosefrei), flüssig
- ❖ *Margarine, vegan*
- 2 Eigelb

Außerdem:

- 300 g Äpfel (z. B. Golden Delicious)
- 2 Eiweiß
- Fett zum Ausbacken
- Zimt, Zucker und Vanillezucker zum Wälzen

HIMBEER-KÄSEKUCHEN-BROWNIES

DIE SCHMACKHAFTE KOMBINATION AUS HIMBEEREN, KÄSE- UND SCHOKOLADENKUCHEN ÜBERZEUGT AUF GANZER LINIE!

Für 1 Backblech (ca. 25 x 30 cm)
ODER 1 Springform (26 cm Ø)

Für den Schokoteig:

- 125 g Butter (ggf. laktosefrei), weich
- ❖ *Margarine, vegan*
- 100 g Zucker
- 1 P. Vanillezucker
- 1 Prise Salz
- 3 Eier (Gr. M)
- 125 g glutenfreie Mehlmischung, hell
- 120 g Schokostreusel (ggf. laktosefrei), je nach Geschmack Vollmilch oder Zartbitter
- ❖ *Schokostreusel, vegan*
- 50 ml Milch (ggf. laktosefrei)
- ❖ *Mandeldrink*
- 1,5 EL Kakaopulver, ungesüßt
- ½ P. Backpulver

Für die Himbeerkäsekuchenfüllung:

- 250 g Quark, 20 % Fett, (ggf. laktosefrei)
- ❖ *200 g Quarkersatz auf Sojabasis*
- 150 g frische Himbeeren, püriert
- 60 g Zucker
- 2 Eier (Gr. M)
- 1 P. Vanillepuddingpulver
- 1 Prise Salz

1. Eine ofenfeste rechteckige Form mit Backpapier auslegen. (Aber auch eine Springform kann verwendet werden.)

2. Für den Teig Butter, Zucker, Vanillezucker und Salz schaumig rühren. Nach und nach die Eier zufügen und eine dick-cremige Schaummasse herstellen. Alle restlichen Zutaten zur Schaummasse geben und gut verrühren. Achtung: Der Teig darf nicht zu weich sein, sonst vermischt er sich beim Backen mit der Himbeerkäsekuchenmasse! Bei Bedarf, wenn größere Eier verwendet wurden oder eine andere Mehlmischung, noch ca. 1–2 EL glutenfreies Mehl zum Teig rühren. Der Teig soll eine geschmeidige Textur aufweisen und weder flüssig noch zäh sein. Den Teig in die Form einfüllen.

3. Für die Himbeerkäsekuchenfüllung alle Zutaten verrühren und auf den Schokoteig streichen. Auch wenn die Quarkmasse oben aufgestrichen wird, sinkt sie während des Backvorgangs in den Kuchen ein und zeigt sich dann als Füllung.

4. Den Kuchen im vorgeheizten Backofen bei 180° C (Ober- und Unterhitze, auf mittlerer Schiene) 38–40 Minuten backen. Aus dem Ofen nehmen und in der Form auskühlen lassen. Wird der Kuchen noch warm aus der Form genommen, zerfallen die Kuchenstücke leicht!

Tipp: *Je dick-cremiger der Kuchenteig ist, desto weniger sinkt die Himbeer-Quarkmasse in den Kuchen ein. Je nach verwendeter Mehlmischung kann die Textur des Kuchenteigs variieren.*

MILCHSCHNITTEN

DIE KLEINEN, CREMIG GEFÜLLTEN KAKAOHÄPPCHEN SIND BELIEBT BEI GROß UND KLEIN!

Für 1/2 Backblech (ca. 30 x 20 cm)

Für den Teig:

- 3 Eier
- 75 g Zucker
- 30 g Kakaopulver, ungesüßt
- 30 g Reisvollkornmehl
- 40 g glutenfreie Mehlmischung, hell
- ¼ TL Backpulver

Für die Creme:

- 3 Blatt Gelatine
- 150 ml Sahne (ggf. laktosefrei)
- ❖ *Sahneersatz auf Reisbasis, aufschlagbar*
- 200 g Frischkäse (ggf. laktosefrei)
- ❖ *Frischkäsealternative auf Soja- oder Lupinenbasis*
- 3 EL Honig

1. Den Teig herstellen. Dazu Eier und Zucker mit dem Handrührgerät schaumig rühren.
2. Kakao, Mehle und Backpulver mischen und auf die Schaummasse sieben. Alles locker mit dem Schneebesen vermengen.
3. Den Teig auf ein mit Backpapier ausgelegtes Backblech streichen und im vorgeheizten Backofen bei 160° C (Ober- und Unterhitze, auf mittlerer Schiene) ca. 15 Minuten backen. Auskühlen lassen.
4. Die Ränder des Kuchens begradigen, dann den Kuchen teilen, sodass zwei gleich große Teigböden entstehen. Einen Kuchenboden auf eine Platte legen und mit einem Backrahmen umschließen.
5. Die Creme herstellen. Gelatine in kaltem Wasser ca. 10 Minuten einweichen. Sahne steif schlagen und kühl stellen. Frischkäse und Honig in eine Schüssel geben und mischen.
6. Gelatine ausdrücken und in 2 EL heißem Wasser auflösen. 1 EL der Frischkäsemasse zur Gelatine rühren, dann das Gemisch sofort unter die Frischkäsemasse rühren. Anschließend die Sahne unterheben.
7. Die Creme auf den Kuchenboden verteilen und mit dem zweiten Kuchenboden bedecken. Einige Stunden kühl stellen.
8. Den Backrahmen entfernen, Kuchen in kleine Rechtecke schneiden und servieren.

NUSSHÖRNCHEN

SO FORMSCHÖN UND KÖSTLICH NUSSIG GEFÜLLT!

Für 16 kleine oder 8 große Stück

Für den Teig:

- ½ Würfel Frischhefe ODER 1 P. Trockenhefe
- 125 ml Milch (ggf. laktosefrei), lauwarm

❖ *Mandeldrink*

- 200 g glutenfreie Mehlmischung, hell
- 50 g Kartoffel- ODER Tapiokastärke
- 60 g Zucker
- 2 P. Vanillezucker
- 1 TL Backpulver
- 1 gestr. TL Xanthan
- 30 g Butter (ggf. laktosefrei), flüssig

❖ *Margarine, vegan*

- 1 Ei
- 1 TL Rum (nach Geschmack)

Für die Nussfüllung:

- 200 g Haselnüsse, gemahlen
- 40 g Zucker
- 1 P. Vanillezucker
- ¼ TL Zimt
- 50 ml Sahne (ggf. laktosefrei)

❖ *Kochsahneersatz auf Mandelbasis*

Zum Bestreichen:

- 1 Eigelb
- 2 EL Milch (ggf. laktosefrei)

❖ *Mandeldrink*

1. Alle Zutaten für die Nussfüllung zu einer formbaren Masse verrühren. Bei Bedarf mit etwas gemahlenen Haselnüssen oder Sahne regulieren.
2. Für den Teig die Hefe in der lauwarmen Milch auflösen. Mehl, Stärke, Zucker, Vanillezucker, Backpulver und Xanthan in eine Rührschüssel geben und mischen. Hefemilch, Butter, Ei und Rum zum Mehlgemisch geben und alles zu einem glatten Teig kneten. Der Teig soll weich, aber dennoch knetbar sein. Bei Bedarf mit wenig glutenfreiem Mehl oder Milch regulieren.
3. Den Teig auf eine bemehlte Arbeitsfläche geben und mit bemehlten Händen kurz kneten. Anschließend auf der gut bemehlten Arbeitsfläche ca. 5 mm dünn zu einem Rechteck ausrollen. Nun 16 kleine oder 8 große Teigdreiecke mit einem Pizzaschneider ausschneiden. Auf die kleinen Teigdreiecke jeweils 1 TL der Nussmasse geben, auf die großen Teigdreiecke jeweils 1 EL der Nussmasse geben. Die Teiglinge von der breiten Seite her aufrollen, sodass die Teigspitzen oben liegen. Teiglinge auf ein mit Backpapier ausgelegtes Backblech legen.
4. Eigelb und Milch verquirlen und die Teiglinge damit bepinseln. An einem warmen Ort ca. 45 Minuten aufgehen lassen.
5. Im vorgeheizten Backofen bei 175° C (Ober- und Unterhitze, auf mittlerer Schiene) backen. Kleine Hörnchen 18–20 Minuten, große Hörnchen 25–30 Minuten. Aus dem Ofen nehmen und auf einem Kuchengitter auskühlen lassen.

PUDDINGSCHNECKEN

DER HEFETEIG FÜR DAS WOHLGEFORMTE KLEINGEBÄCK LÄSST SICH SEHR GUT VERARBEITEN UND IN VERBINDUNG MIT VANILLEPUDDING ENTSTEHEN DIE BELIEBTEN KÖSTLICHKEITEN.

Für ca. 12 Stück

Für den Teig:

- 1 Grundrezept „Quark-Öl-Teig", siehe Seite 47 ODER ½ Grundrezept „Hefeteig süß", siehe Seite 42

Für die Puddingfüllung:

- 375 ml Milch, 3,5 % Fett, (ggf. laktosefrei)
- ❖ *300 ml Milchersatz wie Kokosdrink und 75 ml Kochsahneersatz auf Kokos- oder Mandelbasis, vegan*
- 1 P. Vanillepuddingpulver
- 40 g Zucker
- 50 g Rosinen

Für den Zuckerguss:

- 150 g Puderzucker
- 1,5–2 EL Wasser
- 1 EL Zitronensaft

1. Für die Puddingfüllung aus Milch, Vanillepuddingpulver und Zucker einen Pudding nach Packungsanleitung kochen. Den heißen Pudding direkt mit Frischhaltefolie abdecken, damit sich keine Haut bildet, auskühlen lassen. Anschließend kräftig durchrühren und die gewaschenen Rosinen untermischen.
2. Den Teig nach Anleitung herstellen und auf einer bemehlten Arbeitsfläche ca. 5 mm dünn zu einem Rechteck ausrollen. Mit der Füllung gleichmäßig bestreichen.
3. Den Teig von der Längsseite her aufrollen und in ca. 2 cm dicke Scheiben schneiden. Die Schnecken auf ein mit Backpapier ausgelegtes Backblech legen.
4. Schnecken aus ***Quark-Öl-Teig*** sofort in den vorgeheizten Backofen einschieben und bei 180° C (Ober- und Unterhitze, auf mittlerer Schiene) 18–20 Minuten backen.
   Schnecken aus ***Hefeteig*** an einem warmen Ort ca. 45 Minuten aufgehen lassen. Anschließend im vorgeheizten Backofen bei 180° C (Ober- und Unterhitze, auf mittlerer Schiene) 20–25 Minuten backen.
5. Gebäck aus dem Ofen nehmen und auf einem Kuchengitter auskühlen lassen.
6. Aus allen Zutaten für den Zuckerguss eine homogene Masse herstellen und die Puddingschnecken damit bepinseln.

SCHOKOLADENMUFFINS

SO HERRLICH SCHOKOLADIG, WEICH UND SAFTIG ZUGLEICH!

Für 12 Stück

- 125 g Butter (ggf. laktosefrei), weich
- ❖ *Margarine, vegan*
- 100 g Zucker
- 1 P. Vanillezucker
- 1 Prise Salz
- 3 Eier
- 125 g glutenfreie Mehlmischung, hell
- 100 g Schokostreusel (ggf. laktosefrei)
- ❖ *Schokostreusel, vegan*
- 1 EL Kakaopulver, ungesüßt
- ½ P. Backpulver
- 50 ml Milch (ggf. laktosefrei)
- ❖ *Reisdrink*

Zur Dekoration:

- Zartbitterkuvertüre (ggf. laktosefrei)
- ❖ *Kuvertüre, vegan*

1. Butter, Zucker, Vanillezucker und Salz schaumig rühren. Nach und nach die Eier zufügen und eine dick-cremige Schaummasse herstellen.
2. Mehl und alle restlichen Zutaten für den Teig zur Schaummasse geben und gut unterrühren.
3. Ein Muffinblech mit Papierförmchen bestücken und den Teig in die Förmchen füllen. Bei 180° C (Ober- und Unterhitze, auf mittlerer Schiene) 20–25 Minuten backen. Auf einem Kuchengitter auskühlen lassen.
4. Zartbitterkuvertüre im Wasserbad schmelzen und die Muffins damit bepinseln.

SÜSSE SPIEGELEIER

LUFTIGE FLADEN AUS BRANDTEIG, MIT SCHMANDCREME UND APRIKOSEN BELEGT – DAZU HÜBSCH ANZUSEHEN!

1. Den Brandteig nach Anleitung herstellen. Zwei Backbleche mit Backpapier auslegen.
2. Auf ein Backblech mit einem Esslöffel je 6 Teigfladen geben und diese etwas platt formen. Die Backbleche nacheinander im vorgeheizten Backofen bei 225° C (Ober- und Unterhitze, auf mittlerer Schiene) 20–25 Minuten backen. Aus dem Ofen nehmen und auf einem Kuchengitter abkühlen lassen.
3. Für den Belag die Aprikosen abtropfen lassen.
4. Sahne steif schlagen und Schmand, Zucker und Vanillezucker unterrühren. Die Schmandmasse auf die 12 Brandteig-Fladen verteilen und jeweils mit einer halben Aprikose belegen. Mit Puderzucker bestäuben und sofort servieren.

Für 12 Stück

- 1 Grundrezept „Brandteig“, siehe Seite 37

Für den Belag:

- 12 Aprikosenhälften, aus der Dose
- 100 ml Sahne (ggf. laktosefrei)
- ❖ *Sahneersatz auf Kokosbasis, aufschlagbar*
- 100 g Schmand (ggf. laktosefrei)
- ❖ *Sauerrahm-Alternative auf Sojabasis*
- 3 EL Zucker
- 1 P. Vanillezucker
- Puderzucker zum Bestäuben

EINFACHE KUCHEN

BANANENKUCHEN

DURCH DIE BANANEN ERHÄLT DER KUCHEN EINE SAFTIGE UND AROMATISCHE TEXTUR.

Foto links

Für 1 Kastenform (30 cm Länge) oder 1 Gugelhupfform = 12 Stück

- 200 ml Öl
- 180 g Zucker
- 1 P. Vanillezucker
- 5 Eier
- 250 g + 1 EL glutenfreie Mehlmischung, hell
- ½ P. Backpulver
- 2 Bananen, reif
- Fett für die Form

❖ *auf Milchbestandteile achten*

1. Öl, Zucker und Vanillezucker schaumig rühren.
2. Die Eier einzeln zugeben und jeweils gut unterrühren.
3. 250 g Mehl und Backpulver mischen und unter die Schaummasse rühren.
4. Die Bananen zerdrücken und mit 1 EL glutenfreiem Mehl mischen, damit sich diese nicht absetzen. Die Bananenmasse unter den Rührteig rühren.
5. Den Teig in eine befettete Kuchenform füllen und im vorgeheizten Backofen bei 180° C (Ober- und Unterhitze, auf mittlerer Schiene) ca. 50 Minuten backen. Mittels Stäbchenprobe prüfen, ob der Kuchen durchgebacken ist.
6. Den fertigen Kuchen kurz in der Form ausdampfen lassen, dann aus der Form nehmen und auf einem Kuchengitter auskühlen lassen.

Tipp: *Hauchdünn geschnittene Bananenscheiben auf dem Teig verteilen. Den fertigen Kuchen nach Wunsch mit Zucker oder Puderzucker bestreuen.*

REHRÜCKEN

EIN KUCHENKLASSIKER AUS MEINEN KINDHEITSTAGEN! SCHOKOLADIG, WEICH UND LECKER. GESPICKT MIT MANDELSTIFTEN ERHÄLT ER SEINE TOLLE OPTIK.

Für 1 Rehrückenform = 12 Stück

- 100 g Butter (ggf. laktosefrei), weich
- ❖ *Margarine, vegan*
- 100 g Puderzucker
- 100 g Schokolade (ggf. laktosefrei), geschmolzen
- ❖ *Schokolade, vegan*
- 5 Eigelb
- 5 Eiweiß
- 50 g Zucker
- 100 g Mandeln, gemahlen
- 80 g glutenfreie Mehlmischung, hell
- 1 TL Backpulver
- Fett für die Form
- ❖ *auf Milchbestandteile achten*

Zur Dekoration:

- 200 g Schokoladenglasur (ggf. laktosefrei)
- ❖ *Kuvertüre, vegan*
- ca. 50 g Mandelstifte

1. Für den Teig Butter und Puderzucker schaumig rühren, nach und nach die geschmolzene Schokolade und Eigelbe zugeben und alles zu einer sehr schaumigen Masse rühren.
2. Das Eiweiß steif schlagen, Zucker einrieseln lassen und fest aufschlagen.
3. Mandeln, glutenfreies Mehl und Backpulver mischen und mit dem Eischnee zur Schaummasse geben. Alles locker und vorsichtig mit dem Schneebesen mischen.
4. Den Teig in eine befettete Rehrückenform füllen und im vorgeheizten Backofen bei 180° C (Ober- und Unterhitze) 45–50 Minuten backen. In der Form auskühlen lassen.
5. Die Schokoladenglasur schmelzen und den Kuchen damit überziehen. Mit Mandelstiften spicken.

***Tipp:** Rehrücken schmeckt am besten mit Schlagsahne!*

EIERLIKÖRKUCHEN

DAS FEINE LIKÖRAROMA BRINGT EINE BESONDERE NOTE IN DEN FLAUMIG-WEICHEN RÜHRTEIGKUCHEN!

1. Butter, Zucker und Vanillezucker in eine Schüssel geben und mit dem Handrührgerät sehr schaumig rühren.
2. Die Eier einzeln, eines nach dem anderen, zugeben und alles zu einer sehr schaumigen Masse rühren.
3. Mehl, Backpulver und Eierlikör zur Schaummasse geben und gut verrühren.
4. Den Teig in eine befettete Kuchenform einfüllen und im vorgeheizten Backofen bei 180° C (Ober- und Unterhitze, auf mittlerer Schiene) 50–60 Minuten backen. Mittels Stäbchenprobe prüfen, ob der Kuchen durchgebacken ist.
5. Den fertigen Kuchen in der Form auskühlen lassen.

Für 1 Kastenform (30 cm Länge) oder 1 Gugelhupfform = 12 Stück

- 200 g Butter (ggf. laktosefrei), weich
- ❖ *Margarine, vegan*
- 180 g Zucker
- 2 P. Vanillezucker
- 5 Eier
- 200 g glutenfreie Mehlmischung, hell
- 1 P. Backpulver
- 225 ml Eierlikör*
- Fett für die Form
- ❖ *auf Milchbestandteile achten*

*Im Handel ist gluten- und milchfreier Eierlikör erhältlich.

JOGHURTKUCHEN

EINFACHER KUCHEN MUSS NICHT TROCKEN SEIN! JOGHURT BRINGT EINE SAFTIGE UND WEICHE TEXTUR HERVOR. DER KUCHEN LÄSST SICH DURCH EINE JOGHURTALTERNATIVE AUCH MILCHEIWEIẞFREI HERSTELLEN!

Für 1 Kastenform (30 cm Länge) oder 1 Gugelhupfform = 12 Stück

- 150 g Öl
- 200 g Puderzucker
- 1 P. Vanillezucker
- 4 Eier
- 260 g glutenfreie Mehlmischung, hell
- 1 P. Backpulver
- 150 g Joghurt (ggf. laktosefrei)

❖ *Joghurtersatz auf Kokosbasis*

- Fett für die Form

❖ *auf Milchbestandteile achten*

1. Öl, Puderzucker und Vanillezucker in eine Rührschüssel geben und mit dem Handrührgerät schaumig schlagen. Die Eier einzeln, eines nach dem anderen, zugeben und zu einer sehr schaumigen Masse rühren.
2. Mehl, Backpulver und Joghurt zur Schaummasse geben und mit dem Rührgerät einen geschmeidigen Teig herstellen.
3. Den Teig in eine befettete Kuchenform füllen und bei 180° C (Ober- und Unterhitze, auf mittlerer Schiene) ca. 60 Minuten backen. Mittels Stäbchenprobe prüfen, ob der Kuchen durchgebacken ist.
4. Den Kuchen in der Form auskühlen lassen.

KUCHEN

MOHNKUCHEN MIT SCHMANDGUSS

DER FORMSTABILE MÜRBETEIG IST MIT EINER SAFTIGEN MOHNFÜLLUNG UND EINEM ZARTEN SCHMANDGUSS BELEGT.

1. Den Mürbeteig nach Anleitung herstellen, auf einer bemehlten Arbeitsfläche ausrollen und eine Springform damit auslegen. Rand hochziehen. Springform in den Kühlschrank stellen, bis die Füllung zubereitet ist.
2. Für die Mohnfüllung aus Milch, Puddingpulver und Zucker einen Pudding nach Anleitung kochen. Mohn, Butter und Schmand in den heißen Pudding rühren. Die Masse auf dem Mürbeteig verteilen und im vorgeheizten Backofen bei 175° C (Ober- und Unterhitze, auf mittlerer Schiene) ca. 40 Minuten backen.
3. Für den Schmandguss das Eiweiß mit der Hälfte des Puderzuckers steif schlagen. Den restlichen Puderzucker mit Eigelb und Schmand verrühren, den Eischnee locker unterheben. Den Schmandguss auf den vorgebackenen Kuchen streichen und bei 160° C (Ober- und Unterhitze, auf mittlerer Schiene) ca. 20 Minuten backen. In der Form auskühlen lassen.

Foto links

Für 1 Springform (26 cm Ø)
= 12 Stück

- 1 Grundrezept „Mürbeteig süß", siehe Seite 45

Für die Mohnfüllung:

- 750 ml Milch (ggf. laktosefrei)

❖ *Mandeldrink*

- 2 P. Vanillepuddingpulver
- 100 g Zucker
- 200 g Mohn, gemahlen
- 125 g Butter (ggf. laktosefrei)

❖ *Margarine, vegan*

- 200 g Schmand (ggf. laktosefrei)

❖ *Schmandersatz auf Sojabasis*

Für den Schmandguss:

- 2 Eier, getrennt
- 80 g Puderzucker
- 200 g Schmand (ggf. laktosefrei)

❖ *Schmandersatz auf Sojabasis*

HEIDELBEER-KÄSEKUCHEN

DIE FRUCHTIGE MARMORIERUNG VERLEIHT DEM KUCHEN DIE BESONDERE NOTE.

Für 1 Springform (26 cm Ø) = 12 Stück

- 1 Grundrezept „Mürbeteig süß", siehe Seite 45

Für den Belag:

- 500 g Magerquark (ggf. laktosefrei)
- ❖ *450 g Quarkersatz auf Sojabasis*
- 200 g Butter (ggf. laktosefrei), flüssig
- ❖ *Margarine, vegan*
- 180 g Zucker
- 3 Eier
- 1 P. Vanillepuddingpulver
- 1 P. Vanillezucker

Für den Fruchtbelag:

- 125 g Heidelbeeren, frisch oder aus dem Glas
- ½ P. Tortenguss, hell

1. Den Mürbeteig nach Rezept herstellen und eine Springform damit auslegen, Rand hochziehen und 30 Minuten kühl stellen.
2. Für die Quarkfüllung alle Zutaten gut miteinander verrühren und auf den Mürbeteig streichen.
3. Die Heidelbeeren mit Tortengusspulver pürieren. Werden Heidelbeeren aus dem Glas verwendet, diese vorab gut abtropfen lassen. In gleichmäßigen Abständen immer 1 EL der Heidelbeermasse auf die Quarkfüllung geben und vorsichtig mit einer Gabel zu einem Marmormuster verziehen.
4. Im vorgeheizten Backofen bei 180° C (Ober- und Unterhitze, auf mittlerer Schiene) ca. 60 Minuten backen. Nach der halben Backzeit den Kuchen mit Alufolie abdecken, damit er nicht zu dunkel wird. Den fertigen Kuchen in der Form auskühlen lassen.

KAKAO-KÄSEKUCHEN MIT SCHOKOFRÜCHTEN

BEI DIESEM KUCHEN KOMMEN ALLE KÄSEKUCHEN- UND SCHOKOLADENLIEBHABER VOLL AUF IHRE KOSTEN. HERRLICH SAFTIG UND UNWIDERSTEHLICH!

Für 1 Springform (26 cm Ø) = 12 Stück

Für den Teig:
- 150 g glutenfreie Mehlmischung, hell
- 30 g Kakaopulver, ungesüßt
- 100 g Zucker
- 1 P. Vanillezucker
- 1 TL Backpulver
- ½ TL Xanthan
- 1 Ei
- 100 g Butter (ggf. laktosefrei), weich
- ❖ *Margarine, vegan*

Für die Füllung:
- 500 g Magerquark (ggf. laktosefrei)
- ❖ *450 g Quarkersatz auf Sojabasis*
- 250 g Butter (ggf. laktosefrei), flüssig
- ❖ *Margarine, vegan*
- 180 g Zucker
- 3 Eier
- 25 ml Milch (ggf. laktosefrei)
- ❖ *Mandeldrink*
- 20 g Kakaopulver, ungesüßt
- 1 P. Schokoladenpuddingpulver
- 1 P. Vanillezucker
- 1 Prise Salz

Für den Belag:
- etwas dunkle Schokolade, geschmolzen
- ❖ *Schokolade, vegan*
- Früchte und Beeren nach Geschmack: Himbeeren, Heidelbeeren, Physalis

1. Den Teig herstellen. Mehl, Kakaopulver, Zucker, Vanillezucker, Backpulver und Xanthan in eine Rührschüssel geben und mischen. Ei und Butter zugeben und alles rasch zu einem glatten Teig verkneten. Den Teig auf einer bemehlten Arbeitsfläche ausrollen und eine Springform damit auslegen, Rand hochziehen. 30 Minuten im Kühlschrank ruhen lassen.
2. Alle Zutaten für die Füllung zu einer glatten Masse verrühren und in die Springform einfüllen.
3. Im vorgeheizten Backofen bei 180° C (Ober- und Unterhitze, auf mittlerer Schiene) ca. 55 Minuten backen. Den fertigen Kuchen aus dem Ofen nehmen und in der Form vollständig auskühlen lassen.
4. Die Schokolade im Wasserbad schmelzen und die Früchte und Beeren jeweils etwas eintauchen und auf dem Kuchen mittig platzieren.

HEFEZOPF MIT KIRSCHFÜLLUNG

DIESE KÖSTLICHKEIT AUS HEFETEIG UND EINER AROMATISCHEN KIRSCHFÜLLUNG BRINGT NICHT NUR HEFEZOPF-FANS INS SCHWÄRMEN!

Für 1 großen Zopf

- 1 Grundrezept „Hefeteig süß“, siehe Seite 42
- 1 Ei, verquirlt
- ca. 50 ml Sahne (ggf. laktosefrei)

❖ *Sahneersatz auf Mandelbasis*

Für die Kirschfüllung:

- 1 Glas Süß- oder Sauerkirschen, Abtropfgewicht 350 g
- 250 g Kirschkonfitüre
- 1 Vanilleschote (Mark)

Für den Zuckerguss:

- 150 g Puderzucker
- 1 EL Zitronensaft
- 1,5–2 EL Wasser

1. Für die Kirschfüllung die Kirschen gut abtropfen lassen, dann mit der Konfitüre und dem Vanillemark verrühren und beiseitestellen.
2. Den Hefeteig nach Rezept herstellen. Wichtig: Der Teig muss gut knetbar sein! Ist der Teig zu fest, so wird der fertige Hefezopf zu fest und trocken. Ist der Teig jedoch zu weich, so reißen die Teigstränge während des Aufgeh- und Backvorgangs zu sehr auf und die Füllung tritt großflächig aus. Bei Bedarf den Teig mit wenig glutenfreiem Mehl oder Milch regulieren.
3. Den Teig auf eine bemehlte Arbeitsfläche geben und mit bemehlten Händen kurz kneten. Dann ca. 5 mm dünn zu einem Rechteck ausrollen. Den Teig der Länge nach in drei gleichmäßige Streifen schneiden. Jeweils ein Drittel der Kirschfüllung mittig entlang auf die Teigstreifen geben. Alle Teigränder dünn mit verquirltem Ei bepinseln.
4. Nun jeden Teigstreifen zusammenklappen und die Ränder SEHR GUT festdrücken, damit die Füllung nicht austritt, vorsichtig zu Rollen formen. Die drei Teigrollen zu einem Zopf flechten und den Zopf auf ein mit Backpapier ausgelegtes Backblech legen, hierzu eignet sich ein Tortenheber sehr gut. Den Hefezopf üppig mit Sahne bepinseln und an einem warmen Ort ca. 45 Minuten aufgehen lassen.
5. Den Hefezopf im vorgeheizten Backofen bei 180° C (Ober- und Unterhitze, auf mittlerer Schiene) in 45–50 Minuten goldgelb backen. Aus dem Ofen nehmen und auf dem Backblech auskühlen lassen.
6. Für den Zuckerguss alle Zutaten verrühren und den Hefezopf damit bepinseln.

Tipp: *Wer keinen Zuckerguss mag, kann den Zopf einfach mit Puderzucker bestäuben.*

MANDEL-MARZIPAN-ZOPF

PROBIEREN SIE DIESE GEFÜLLTE KÖSTLICHKEIT ZU HAUSE AUS! DER GLUTENFREIE HEFETEIG IST IDEAL FÜR SCHÖN GEFORMTE HEFEZÖPFE.

Für 1 Hefezopf

Für den Teig:

- ½ Würfel Frischhefe ODER 1 P. Trockenhefe
- 125 ml Milch (ggf. laktosefrei), lauwarm
  - ❖ *Kokosdrink*
- 220 g glutenfreie Mehlmischung, hell
- 30 g Kartoffel- ODER Tapiokastärke
- 30 g Zucker
- 1 P. Vanillezucker
- 1 gestr. TL Xanthan
- 30 g Butter (ggf. laktosefrei), flüssig
  - ❖ *Margarine, vegan*
- 1 Ei
- 1 TL Rum
- ca. Sahne (ggf. laktosefrei), zum Bepinseln
  - ❖ *Sahneersatz auf Mandelbasis*

Für die Füllung:

- 80 g Mandeln, gemahlen
- 80 g Marzipan, geraspelt
- 30 g Zucker
- 4 EL Sahne (ggf. laktosefrei)
  - ❖ *Sahneersatz auf Mandelbasis*
- 1 EL Aprikosenkonfitüre
- 1 P. Vanillezucker
- ½ EL glutenfreie Semmelbrösel
  - ❖ *auf Milchbestandteile achten*
- 1 Prise Zimt

1. Die Zutaten für die Füllung mit dem Handrührgerät (Quirlen) zu einer homogenen Masse verrühren.
2. Für den Teig die Hefe in der lauwarmen Milch auflösen.
3. Mehl, Stärke, Zucker, Vanillezucker und Xanthan in eine Rührschüssel geben und mischen. Hefemilch, Butter, Ei und Rum zugeben und alles zu einem glatten Teig verkneten. Der Teig soll eine weiche, aber knetbare Textur aufweisen. Bei Bedarf mit etwas Milch oder glutenfreiem Mehl regulieren. Den Teig auf eine bemehlte Arbeitsfläche geben und mit bemehlten Händen kurz kneten. Dann zu einem Rechteck von ca. 25 x 35 cm ausrollen. Mit der Füllung gleichmäßig bestreichen.
4. Den Teig von der Längsseite her aufrollen und bis auf 2 cm längs durchschneiden. Die beiden Teighälften mit den Schnittflächen nach oben ineinander verdrehen. Den Mandel-Marzipan-Zopf vorsichtig in eine mit Backpapier ausgelegte Kastenform oder auf ein mit Backpapier ausgelegtes Backblech legen. Mit Sahne bestreichen und an einem warmen Ort ca. 60 Minuten aufgehen lassen.
5. Im vorgeheizten Backofen bei 180° C (Ober- und Unterhitze, auf mittlerer Schiene) ca. 35 Minuten backen. Auf einem Kuchengitter auskühlen lassen.

Tipp: *Wird der Zopf in einer Kastenform gebacken, so hält er die Form besonders gut und wird schön hoch. Hierzu den Zopf nach Anleitung herstellen. Dann in eine mit Backpapier ausgelegte Kastenform (ca. 30 cm Länge) einlegen und darin aufgehen lassen. Nach dem Aufgehen wie oben beschrieben backen.*

SCHOKOLADEN-KÄSEKUCHEN

SCHOKOLADEN- UND KÄSEKUCHEN VEREINT ZU EINER HIMMLISCHEN KOMPOSITION! EINES DER BELIEBTESTEN KUCHENREZEPTE AUF MEINER WEBSITE.

Für 1 Kastenform (30 cm Länge) = 12 Stück

Für den Teig:

- 125 g Butter (ggf. laktosefrei), weich
- ❖ *Margarine, vegan*
- 100 g Zucker
- 1 P. Vanillezucker
- 1 Prise Salz
- 3 Eier (Gr. M)
- 125 g glutenfreie Mehlmischung, hell
- 100 g Schokostreusel (ggf. laktosefrei)
- ❖ *Schokostreusel, vegan*
- 50 ml Milch (ggf. laktosefrei)
- ❖ *Macadamiadrink*
- 1 EL Kakaopulver, ungesüßt
- ½ P. Backpulver

Für die Füllung:

- 2 Eier (Gr. M), getrennt
- 250 g Mascarpone (ggf. laktosefrei) ODER Quark (ggf. laktosefrei)
- ❖ *Quarkersatz auf Sojabasis*
- 60 g Zucker
- ½ P. Vanillepuddingpulver
- 1 Prise Salz

1. Die Kastenform befetten. Den Boden der Kastenkuchenform mit Backpapier auslegen. Hierzu das Backpapier in Größe des Bodens der Kastenform zuschneiden und einlegen.
2. Für den Teig Butter, Zucker, Vanillezucker und Salz schaumig rühren. Nach und nach die Eier zufügen und eine dick-cremige Schaummasse herstellen. Alle restlichen Zutaten zur Schaummasse geben und gut verrühren. ***Achtung:*** Der Teig darf nicht zu weich sein, sonst vermischt er sich beim Hochbacken mit der hellen Masse! Bei Bedarf, wenn größere Eier verwendet werden oder eine andere Mehlmischung, noch etwas glutenfreies Mehl zum Teig rühren. Der Teig soll eine geschmeidige Textur aufweisen und weder zu weich, noch zäh sein! Den Teig in die Kastenform einfüllen und den Teig an allen Seiten etwas hochstreichen.
3. Für die Käsekuchenfüllung das Eiweiß steif schlagen und kühl stellen. Alle restlichen Zutaten, auch die Eigelbe, verrühren und den Eischnee unterheben.
4. Die Käsekuchenmasse mittig längs auf den Schokoteig streichen.
5. Den Kuchen im vorgeheizten Backofen bei 180° C (Ober- und Unterhitze, auf mittlerer Schiene) 55–60 Minuten backen. Aus dem Ofen nehmen und in der Form vollständig auskühlen lassen.

Tipp: *Wird für die Füllung das Eiweiß sehr steif geschlagen, erhält die Käsekuchenmasse eine sehr luftige Textur. Wird es nur cremig aufgeschlagen, bleibt die Masse etwas kompakter – je nach Belieben.*

MOHNROLLE AUS QUARK-ÖL-TEIG

WEICH, SAFTIG UND AROMATISCH! DIE WUNDERBARE ALTERNATIVE ZUM BEKANNTEN HEFE-MOHN-ZOPF.

Für 1 Kastenform (30 cm Länge) = 12 Stück

Für den Quark-Öl-Teig:

- 250 g Quark, 20 % Fett (ggf. laktosefrei)
- ❖ *225 g Seidentofu ODER Quarkersatz auf Sojabasis*
- 6 EL Öl
- 1 Prise Salz
- 80 g Zucker
- 1 P. Vanillezucker
- 1 Ei
- 1 Eigelb
- 300 g glutenfreie Mehlmischung, hell
- 1 TL Xanthan
- 1 P. Backpulver
- NUR NACH BEDARF: bis 8 EL Milch (ggf. laktosefrei)
- ❖ *Reisdrink*
- 1 Eigelb und 1 EL Milch (ggf. laktosefrei), verquirlt
- ❖ *Reisdrink*

Für die Füllung:

- 150 ml Milch (ggf. laktosefrei)
- ❖ *Cashewdrink*
- 120 g Zucker
- 160 g Mohn, gemahlen
- etwas Zitronenschale, abgerieben
- 1 Msp. Zimt
- 2 EL glutenfreie Semmelbrösel
- ❖ *auf Milchbestandteile achten*

1. Für die Füllung Milch und Zucker in einem Topf zum Kochen bringen. Von der Kochstelle nehmen und Mohn, Zitronenschale, Zimt und Semmelbrösel unterrühren, abkühlen lassen.
2. Für den Teig Quark, Öl, Salz, Zucker, Vanillezucker, Ei und Eigelb glatt rühren. Mehl, Xanthan und Backpulver mischen, zugeben und einige Minuten unterkneten. Je nach Teigbeschaffenheit bis zu 8 EL Milch einkneten. Der Teig soll weich, aber dennoch knetbar sein.
3. Den Teig auf einer bemehlten Arbeitsfläche kurz mit bemehlten Händen kneten. Dann zu einem Rechteck von ca. 30 x 40 cm ausrollen und mit der Füllung bestreichen. Von der Breitseite her aufrollen und in eine mit Backpapier ausgelegte Kastenform einlegen. Mit der Eiermilch bepinseln und nach Wunsch die Teigrolle ca. 5 mm tief im Zick-Zack-Muster einschneiden.
4. Im vorgeheizten Backofen bei 180° C (Ober- und Unterhitze, auf mittlerer Schiene) 35–40 Minuten backen. Kurz in der Form auskühlen lassen, da der Kuchen sehr weich ist und sonst bricht, dann auf einem Kuchengitter vollständig auskühlen lassen.

Tipp: *Die ausgekühlte Mohnrolle mit einer Zuckerglasur aus 150 g Puderzucker, 1 EL Zitronensaft und 2 EL Wasser bepinseln.*

QUARK-MANDARINEN-KUCHEN MIT BAISER

Für 1 Springform (26 cm Ø)
= 12 Stück

- 1 Grundrezept „Mürbeteig süß", siehe Seite 45

Für die Quarkfüllung:

- 500 g Quark, 20 % Fett (ggf. laktosefrei)
- ❖ *450 g Quarkersatz auf Sojabasis*
- 250 ml Milch (ggf. laktosefrei)
- ❖ *200 ml Mandeldrink*
- 120 g Zucker
- 100 ml Öl
- 3 Eigelb
- 1 P. Vanillepuddingpulver
- 1 P. Vanillezucker

Für den Belag:

- 200 g Mandarinen, aus der Dose
- 3 Eiweiß
- 80 g Puderzucker

1. Den Mürbeteig herstellen, dann auf einer bemehlten Arbeitsfläche ausrollen und eine Springform damit auslegen. Rand hochziehen. Die Springform in den Kühlschrank stellen. Die Mandarinen abtropfen lassen.
2. Alle Zutaten für die Quarkfüllung verrühren und auf den Mürbeteig streichen. Im vorgeheizten Backofen bei 180° C (Ober- und Unterhitze, auf mittlerer Schiene) 50 Minuten backen.
3. Den Kuchen aus dem Ofen nehmen und die abgetropften Mandarinen darauf verteilen. Eiweiß und Puderzucker steif schlagen. Den Kuchen komplett mit der Eischneemasse bedecken und weitere 15 Minuten bei 180° C (Ober- und Unterhitze, auf mittlerer Schiene) backen.
4. Den fertigen Kuchen aus dem Ofen nehmen und in der Form vollständig auskühlen lassen.

SCHMAND-BEEREN-KUCHEN

NACH DEM BACKEN WIRD DER SCHMANDKUCHEN DICHT MIT AROMATISCHEN BEEREN BELEGT. EINE GROẞARTIGE, GESCHMACKVOLLE KOMBINATION!

Für 1 Springform (26 cm Ø) = 12 Stück

- 1 Grundrezept „Mürbeteig süß", siehe Seite 45

Für die Füllung:

- 500 ml Milch (ggf. laktosefrei)
- ❖ *450 ml Kokosdrink*
- 180 g Zucker
- 2 P. Vanillepuddingpulver
- 600 g Schmand (ggf. laktosefrei)
- ❖ *Schmandersatz auf Sojabasis*

Für den Belag:

- ca. 500 g Beeren (Erdbeeren, Heidelbeeren, Himbeeren)
- 1 P. Tortenguss, rot
- 200 ml Sahne (ggf. laktosefrei)
- ❖ *Sahneersatz auf Mandelbasis, aufschlagbar*
- 1 P. Sahnesteif
- 1 P. Vanillezucker

1. Den Teig nach Anleitung herstellen und eine Springform damit auslegen, dabei einen kleinen Rand hochziehen. Springform ca. 30 Minuten kühl stellen.
2. Die Beeren waschen und abtropfen lassen. Erdbeeren vierteln.
3. Für die Fülle 400 ml Milch und Zucker in einen Kochtopf geben und zum Kochen bringen. Puddingpulver mit der restlichen Milch glatt rühren. Dann in die kochende Milch einrühren und einmal aufkochen lassen. Schmand unterrühren, sofort in die Springform füllen und glatt streichen. Im vorgeheizten Backofen bei 175° C (Ober- und Unterhitze, auf mittlerer Schiene) 50–60 Minuten backen. In der Form auskühlen lassen.
4. Den Kuchen auf eine Tortenplatte geben und mit einem Tortenring umschließen. Die Beeren auf dem Schmandkuchen verteilen. Tortenguss nach Anleitung zubereiten und den Kuchen damit überziehen.
5. Sahne, Sahnesteif und Vanillezucker fest aufschlagen und in eine Tortenspritze füllen. Sahnetuffs auf den Kuchen spritzen.

BLECHKUCHEN

APFEL-PUDDING-STREUSELKUCHEN

HIMMLISCH: WEICHER HEFETEIGBODEN, CREMIGE PUDDINGFÜLLUNG, AROMATISCHE APFELSTÜCKE UND ZARTE STREUSEL.

Foto links

Für 1 Backblech (ca. 30 x 40 cm) = 24 Stück

Für den Teig:

- ½ Würfel Frischhefe ODER 1 P. Trockenhefe
- 180 ml Milch (ggf. laktosefrei), lauwarm
- ❖ *Mandeldrink*
- 450 g glutenfreie Mehlmischung, hell
- 60 g Zucker
- 2 P. Vanillezucker
- 1 gestr. TL Xanthan
- 1 TL Flohsamenschalenpulver
- 1 TL Backpulver
- 125 g Joghurt (ggf. laktosefrei)
- ❖ *Joghurtersatz auf Kokosbasis*
- 50 ml Sahne (ggf. laktosefrei)
- ❖ *Sahneersatz auf Sojabasis*
- 45 g Butter (ggf. laktosefrei), flüssig
- ❖ *Margarine, vegan*
- 1 Ei (Gr. L)

Für den Apfel- und Puddingbelag:

- 1 P. Vanillepuddingpulver
- 40 g Zucker
- 1 P. Vanillezucker
- 400 ml Milch (ggf. laktosefrei)
- ❖ *Mandeldrink*
- 1 Ei
- 200 g Schmand (ggf. laktosefrei)
- ❖ *Schmandersatz auf Sojabasis*
- 4–5 Äpfel (je nach Größe)

Für den Streuselbelag:

- 150 g glutenfreie Mehlmischung, hell
- 80 g Zucker
- 80 g Butter (ggf. laktosefrei), kalt
- ❖ *Margarine, vegan*
- 1 P. Vanillezucker
- ½ TL Zimt

1. Den Teig herstellen. Die Hefe in der lauwarmen Milch auflösen. Alle trockenen Zutaten für den Teig in eine Rührschüssel geben und mischen. Alle restlichen Zutaten für den Teig, auch die Hefemilch, zum Mehlgemisch geben und gut verkneten. Den Hefeteig auf eine gut bemehlte Arbeitsfläche geben und mit bemehlten Händen kurz kneten. Der Teig soll weich, aber dennoch knetbar sein. Bei Bedarf noch etwas Milch unter den Teig kneten. Den Teig auf einer bemehlten Arbeitsfläche ausrollen und auf ein mit Backpapier ausgelegtes Backblech geben. Den Teig an einem warmen Ort ca. 50 Minuten aufgehen lassen.
2. Unterdessen den Puddingbelag herstellen. Vanillepuddingpulver, Zucker und Vanillezucker in 150 ml Milch einrühren. Die restliche Milch zum Kochen bringen und das Puddinggemisch einrühren. Einmal aufkochen lassen, vom Herd nehmen und unter gelegentlichem Rühren etwas abkühlen lassen. Ei und Schmand unterrühren.
3. Die Äpfel schälen, das Kernhaus entfernen und in kleine Würfel schneiden.
4. Für den Streuselbelag alle Zutaten in eine Schüssel geben. Die Zutaten mit den Händen mischen und zu Bröseln verarbeiten.
5. Den Teig mit der Puddingmasse bestreichen, mit Apfelstücken belegen und anschließend die Streusel darauf verteilen.
6. Im vorgeheizten Backofen bei 180° C (Ober- und Unterhitze, auf mittlerer Schiene) ca. 40 Minuten backen. Auskühlen lassen.

JOGHURT-FRUCHT-SCHNITTEN

FLAUMIGER BISKUIT, EINE ZARTE JOGHURTSCHICHT UND DER AROMATISCHE FRUCHTBELAG SORGEN FÜR EIN LEICHTES KUCHENVERGNÜGEN.

Für 1 Backblech (ca. 30 x 40 cm) = 24 Stück

- 1 Grundrezept „Biskuit für Torten", siehe Seite 35

Für den Joghurtbelag:

- 10 Blatt Gelatine
- 600 ml Sahne (ggf. laktosefrei)
- ❖ *Sahneersatz auf Kokosbasis, aufschlagbar*
- 600 g Naturjoghurt (ggf. laktosefrei)
- ❖ *Joghurtersatz auf Sojabasis*
- 100 g Zucker
- 1 P. Vanillezucker

Für den Fruchtbelag:

- 250 g Himbeeren
- 150 g Heidelbeeren
- einige Weintrauben
- 1 Dose Fruchtcocktail, 500 g Abtropfgewicht
- 2,5 P. Tortenguss, hell, plus Zucker und Wasser nach Packungsanleitung

1. Den Biskuit nach Anleitung herstellen, aber den Teig auf ein mit Backpapier ausgelegtes Backblech streichen. Im vorgeheizten Backofen bei 180° C (Ober- und Unterhitze, auf mittlerer Schiene) 12–15 Minuten backen. Den fertigen Biskuit auf ein sauberes Geschirrtuch stürzen, Backpapier abziehen und auskühlen lassen.
2. Die Gelatine in kaltem Wasser einweichen. Die Sahne steif schlagen. Joghurt, Zucker und Vanillezucker verrühren und die Sahne unterheben. Gelatine ausdrücken und in 5 EL heißem Wasser auflösen. 1 EL Joghurtmasse sofort unter das Gelatinewasser rühren, nun rasch die Gelatinemischung unter die Joghurtmasse rühren.
3. Den Biskuit auf eine große Kuchenplatte legen, die Ränder begradigen und mit einem Backrahmen umschließen. Falls keine Kuchenplatte zur Verfügung steht, kann der Biskuit auch auf dem Backblech verbleiben und dort mit einem Backrahmen umschlossen werden.
4. Die Joghurtmasse auf den Biskuit verteilen und ca. 3 Stunden kühl stellen.
5. Die Früchte vorbereiten, waschen und verlesen. Fruchtcocktail abtropfen lassen. Nun alle Früchte und Beeren gleichmäßig auf die Joghurtschicht verteilen.
6. Den Tortenguss mit Zucker und Wasser nach Packungsanleitung zubereiten und die Früchte damit überziehen. Den Kuchen mindestens 3 Stunden, am besten aber über Nacht, kühl stellen.

Tipp: *Der Fruchtbelag kann je nach Geschmack und verfügbaren Obstsorten geändert werden. Köstlich schmeckt auch eine Kombination aus reinen Beerensorten. Jedoch sollte die Fruchtmenge von rund 900 g nicht überschritten werden, sonst verliert der Belag an Stabilität und der Fruchtbelag kann an den Kanten vom Kuchen rutschen!*

SCHOKO-BANANEN-CREME-SCHNITTEN

DIESE SCHNITTEN VEREINEN VIELE KÖSTLICHE KOMPONENTEN UND DIE SOFTE SCHOKOGLASUR MACHEN DIE SCHNITTEN ZUM GENUSS!

Für 1 Backblech (ca. 30 x 40 cm) = 24 Stück

Für den Teig:
- 6 Eier
- 250 g Zucker
- 120 ml Öl
- 120 ml Wasser
- 3 EL Kakaopulver, ungesüßt
- 180 g glutenfreie Mehlmischung, hell
- ½ P. Backpulver

Für den Belag:
- 6–8 Bananen (je nach Größe)
- etwas Zitronensaft zum Beträufeln
- 6 Blatt Gelatine
- 500 g Magerquark (ggf. laktosefrei)
- ❖ *450 g Quarkersatz auf Sojabasis*
- 100 g Zucker
- 1 Zitrone (Saft)
- 400 ml Sahne (ggf. laktosefrei)
- ❖ *Sahneersatz auf Mandelbasis, aufschlagbar*

Für den Guss:
- 100 g Zartbitterschokolade (ggf. laktosefrei)
- ❖ *Schokolade, vegan*
- 25 g Kokosfett
- 150 ml Sahne (ggf. laktosefrei)
- ❖ *120 g Kochsahneersatz auf Mandelbasis*

Zur Dekoration:
- 100 g Schlagsahne (ggf. laktosefrei)
- ❖ *Sahneersatz auf Mandelbasis, aufschlagbar*
- getrocknete Bananenchips

1. Für den Teig Eier und Zucker schaumig schlagen, Öl und Wasser zufügen und weiterschlagen. Kakao, Mehl und Backpulver auf die Schaummasse sieben und unterrühren. Den Teig auf ein befettetes Backblech streichen und im vorgeheizten Backofen bei 200° C (Ober- und Unterhitze, auf mittlerer Schiene) ca. 15 Minuten backen. Auskühlen lassen.
2. Die Bananen längs in Scheiben schneiden und auf dem Kuchenboden verteilen. Mit Zitronensaft beträufeln.
3. Gelatine in kaltem Wasser einweichen. Quark, Zucker und Zitronensaft verrühren. Gelatine ausdrücken und in 3 EL heißem Wasser auflösen. Einige Esslöffel von der Quarkmasse zur Gelatine rühren, dann die Gelatine zur restlichen Quarkmasse geben und gut verrühren. Die Sahne steif schlagen und unter die Quarkmasse heben, dann auf die Bananen streichen. Einige Stunden kühl stellen.
4. Für den Guss die Schokolade mit Kokosfett im Wasserbad schmelzen und die Sahne anschließend einrühren. Den Guss gleichmäßig auf die Quarkmasse streichen. Kühl stellen.
5. Den Kuchen in Stücke schneiden und mit Sahnetuffs und Bananenchips verzieren.

SCHWARZWÄLDER-KIRSCH-SCHNITTEN

EIN TORTENKLASSIKER IN GLUTENFREIER VARIANTE!

Für 1 Backblech (ca. 30 x 40 cm) = 24 Stück

- 1 Grundrezept „Dunkler Biskuit für Torten", siehe Seite 35

Für den Belag:

- 2 Gläser Sauerkirschen, Abtropfgewicht je 350 g
- 2 P. Vanillepuddingpulver
- 600 ml Sahne (ggf. laktosefrei)
- ❖ *Sahneersatz auf Mandelbasis, aufschlagbar*

Zur Dekoration:

- 100 ml Sahne (ggf. laktosefrei)
- ❖ *Sahneersatz auf Mandelbasis, aufschlagbar*
- ½ P. Sahnesteif
- ½ P. Vanillezucker
- Schokoladenraspel (ggf. laktosefrei)
- ❖ *Raspelschokolade, vegan*

1. Den Biskuit nach Anleitung herstellen und auf ein mit Backpapier ausgelegtes Backblech streichen. Im vorgeheizten Backofen bei 180° C (Ober- und Unterhitze, auf mittlerer Schiene) 12–15 Minuten backen.
2. Den fertigen Biskuit auf ein sauberes Geschirrtuch stürzen und das Backpapier abziehen. Auskühlen lassen. Anschließend den Kuchenboden auf eine Kuchenplatte legen, die Ränder begradigen und einen Backrahmen um den Biskuit legen.
3. Die Sauerkirschen – einige für die Dekoration zurückbehalten – mit dem Saft in einen Kochtopf geben und das Vanillepuddingpulver in die kalte Flüssigkeit einrühren. Alles zusammen aufkochen und noch heiß auf dem Teig verteilen. Komplett auskühlen lassen.
4. Die Sahne für den Belag steif schlagen und auf den Kuchen streichen.
5. Zur Dekoration die Sahne mit Sahnesteif und Vanillezucker fest aufschlagen, in eine Tortenspritze mit Sterntülle einfüllen und Sahnetuffs auf die Schnitten spritzen. Kirschen auf die Sahnetuffs verteilen und die Schnitten mit Raspelschokolade bestreuen. Die Schnitten einige Stunden kühl stellen.

ZWETSCHGENKUCHEN

DIESER BLECHKUCHEN ZÄHLT ZU DEN ABSOLUTEN KLASSIKERN UNTER DEN LIEBLINGSKUCHEN – KINDHEITSERINNERUNGEN WERDEN WACH!

1. Alle Zutaten für den Streuselbelag in eine Schüssel geben und mit den Händen abbröseln. Kühl stellen.
2. Die Zwetschgen entsteinen und einschneiden. (Im Handel sind spezielle Entsteiner erhältlich, die die Früchte entsteinen und dabei in gleichmäßige Viertel teilen.)
3. Zubereitung mit ***Hefeteig.*** Den Hefeteig nach Rezept herstellen, auf eine bemehlte Arbeitsfläche geben und mit bemehlten Händen kurz kneten. Den Teig auf der bemehlten Arbeitsfläche ausrollen und ein befettetes Backblech damit auslegen.
   An einem warmen Ort, zugedeckt mit einem sauberen Geschirrtuch, 45 Minuten aufgehen lassen. Dann den Hefeteig dicht und schuppenartig mit den Zwetschgen belegen. Streusel darauf verteilen.
   Zubereitung mit ***Quark-Öl-Teig.*** Den Teig nach Anleitung herstellen, auf eine bemehlte Arbeitsfläche geben und mit bemehlten Händen kurz kneten. Ein befettetes Backblech gleichmäßig mit dem Teig auslegen und sofort dicht und schuppenartig mit Zwetschgen belegen. Streusel darauf verteilen.
   Den Zwetschgenkuchen im vorgeheizten Backofen bei 190° C (Ober- und Unterhitze, auf mittlerer Schiene) 35–40 Minuten backen.
4. Den fertigen Kuchen aus dem Ofen nehmen und auf dem Blech abkühlen lassen.

Tipp: *Anstatt Zwetschgen können auch Äpfel, Aprikosen oder Beeren verwendet werden.*

Für 1 Backblech (ca. 30 x 40 cm) = 24 Stück

- 1 Grundrezept „Hefeteig süß“, siehe Seite 42 ODER
  1 Grundrezept „Quark-Öl-Teig“, siehe Seite 47
- 1,5 kg Zwetschgen

Für die Streusel:

- 150 g glutenfreie Mehlmischung, hell
- 80 g Zucker
- 80 g Butter (ggf. laktosefrei), kalt
- ❖ *70 g Margarine, vegan*
- ½ TL Zimt

Die halbe Rezeptmenge reicht für eine Springform.

TORTEN

APRIKOSEN-QUARK-SCHOKOTORTE

DIE AROMEN DIESER TORTE SIND SCHIER UNÜBERTREFFLICH! BESONDERS DIE ERFRISCHENDE, LEICHT SÄUERLICHE APRIKOSENSCHICHT BRINGT EINE UNVERGLEICHLICHE NOTE INS SPIEL.

Foto links

Für 1 Springform (26 cm Ø) = 12 Stück

- 1 Grundrezept „Dunkler Biskuit für Kuchen“, siehe Seite 34

Für die Aprikosenschicht:

- 1 Dose Aprikosen (Abtropfgewicht 480 g)
- 500 ml Aprikosennektar
- 1,5 P. Vanillepuddingpulver
- 2,5 EL Zucker

Für die Quarkschicht:

- 6 Blatt Gelatine
- 300 ml Sahne (ggf. laktosefrei)
- ❖ *Sahneersatz auf Kokosbasis, aufschlagbar*
- 400 g Quark, 20 % Fett (ggf. laktosefrei)
- ❖ *350 g Quarkersatz auf Sojabasis*
- 60 g Zucker
- 2 P. Vanillezucker

Für die Schokoschicht:

- 2 Blatt Gelatine
- 125 ml Sahne (ggf. laktosefrei)
- ❖ *Kochsahneersatz auf Kokosbasis*
- 100 g Vollmilchschokolade (ggf. laktosefrei)
- ❖ *Schokolade, vegan*

Zur Dekoration:

- dunkle Kuvertüre (ggf. laktosefrei)
- ❖ *Kuvertüre, vegan*
- glutenfreie Salzbrezeln
- 50 ml Sahne (ggf. laktosefrei)
- ❖ *Sahneersatz auf Kokosbasis, aufschlagbar*

1. Den Biskuit nach Anleitung herstellen und auf einem Kuchengitter auskühlen lassen. Dann auf eine Tortenplatte legen und mit einem Tortenring umschließen.
2. Für die Aprikosenschicht die Aprikosen in einem Sieb abtropfen lassen, dann auf dem Biskuit gleichmäßig verteilen. 100 ml Aprikosennektar mit Vanillepuddingpulver verrühren. 400 ml Aprikosennektar und Zucker in einen Topf geben und unter Rühren zum Kochen bringen. Die Puddingmischung zugeben und einmal aufkochen lassen. Sofort auf die Aprikosen streichen, auskühlen lassen.
3. Für die Quarkschicht die Gelatine in kaltem Wasser einweichen. Sahne steif schlagen und kühl stellen. Quark, Zucker und Vanillezucker verrühren. Gelatine ausdrücken und in 4 EL heißem Wasser auflösen. 1 EL Quarkmasse unter die Gelatine rühren, dann die Gelatineflüssigkeit sofort unter die Quarkmasse rühren. Die Sahne unterheben und die Masse auf die Aprikosenschicht streichen. Ca. 3 Stunden im Kühlschrank fest werden lassen.
4. Für die Schokoschicht die Gelatine in kaltem Wasser einweichen. Sahne und Vollmilchschokolade (in kleinen Stücken) in einen Topf geben und unter Rühren erwärmen, bis sich die Schokolade auflöst. Die Masse soll nicht kochen! Gelatine ausdrücken, zugeben und darin auflösen. Die Schokosahne auf die Quarkschicht geben und für weitere ca. 90 Minuten in den Kühlschrank stellen.
5. Zur Dekoration die Kuvertüre schmelzen und die Salzbrezeln je zur Hälfte in die Kuvertüre tauchen, trocknen lassen. Die Sahne steif schlagen und Sahnetuffs auf die Torte spritzen. Mit Schoko-Salzbrezeln verzieren.

BEERENSAHNETORTE MIT SCHOKOGUSS

DIE TORTE IST NICHT NUR OPTISCH, SONDERN AUCH GESCHMACKLICH EIN HIGHLIGHT AUF JEDER KAFFEETAFEL! SCHOKOLADIG, BEERIG UND SAHNIG ZUGLEICH.

Für 1 Springform (26 cm Ø) = 12 Stück

Für den Biskuit:

- 4 Eier
- 80 g Puderzucker
- 1 P. Vanillezucker
- 100 g glutenfreie Mehlmischung, hell
- 25 g Kakaopulver, ungesüßt
- 1,5 TL Backpulver

Für die Füllung:

- 5 Blatt Gelatine
- 500 g Beeren: Erdbeeren, Heidelbeeren, Himbeeren, gemischt
- 600 ml Sahne (ggf. laktosefrei)
- ❖ *Sahneersatz auf Kokosbasis, aufschlagbar*
- 2 P. Vanillezucker
- 1 EL Zucker

Zur Dekoration:

- 200 ml Sahne (ggf. laktosefrei)
- ❖ *Sahneersatz auf Kokosbasis, aufschlagbar*
- 1 P. Sahnesteif
- 1 P. Vanillezucker
- 160 g Zartbitterkuvertüre (ggf. laktosefrei)
- ❖ *Kuvertüre, vegan*
- 15 g Kokosfett
- 200 g Beeren: Erdbeeren, Heidelbeeren, Himbeeren, gemischt
- Puderzucker zum Bestäuben

1. Den Biskuit herstellen. Die Eier trennen. Das Eiweiß mit der Hälfte des Puderzuckers sehr steif schlagen. Eidotter mit dem restlichen Puderzucker und Vanillezucker dick-cremig rühren.
2. Mehl, Kakao und Backpulver auf die Eidottermasse sieben, Eischnee ebenfalls auf die Eigelbmasse geben und dann alles mit dem Schneebesen vorsichtig vermengen. Den Teig in eine mit Backpapier ausgelegte Springform füllen und bei 180° C (Ober- und Unterhitze, auf mittlerer Schiene) 25–30 Minuten backen. Den fertigen Biskuit aus der Form lösen, Backpapier abziehen und auf einem Kuchengitter auskühlen lassen.
3. Den Biskuit einmal waagrecht teilen. Den unteren Biskuitboden auf eine Tortenplatte legen und mit einem Tortenring umschließen.
4. Die Gelatine in kaltem Wasser einweichen. Die Beeren für die Füllung waschen und putzen. Erdbeeren vierteln. Die Sahne steif schlagen, dabei Vanillezucker und Zucker einrieseln lassen. Die Gelatine ausdrücken und in 3 EL heißem Wasser auflösen. 1 EL Sahne zur Gelatine rühren, dann das Gelatinewasser sofort unter die Sahne rühren. Beeren unterheben und die Masse auf den unteren Tortenboden streichen. Den oberen Biskuit auflegen und die Torte ca. 3–4 Stunden kühl stellen.
5. Kuvertüre und Kokosfett im Wasserbad schmelzen und etwas abkühlen lassen. Sahne mit Sahnesteif und Vanillezucker fest aufschlagen. Den Tortenring von der Torte lösen und die Torte mit Schlagsahne ringsum bestreichen. Beeren waschen und abtropfen lassen.
6. Nun den Schokoguss auf der Torte verteilen. ***Achtung!*** Der Guss darf nicht zu warm sein, sonst verläuft er zu schnell und lässt die Sahne am Tortenrand schmelzen! Vorsichtig die Kuvertüre mittig auf die Torte geben und mit einem Löffel nach außen streichen, sodass die Kuvertüre etwas am Rand entlang herunterläuft. Die Beeren mittig, mithilfe etwas Kuvertüre, auf die Torte platzieren. Mit wenig Puderzucker bestäuben.

EIERLIKÖR-RAHM-TORTE

EIN TORTENTRAUM! SAFTIGER NUSS-SCHOKO-TEIG MIT RAHMSCHICHT UND EIERLIKÖRSPIEGEL.

Für 1 Springform (26 cm Ø) = 12 Stück

Für den Teig:
- 80 g Zucker
- 1 P. Vanillezucker
- 80 g Butter (ggf. laktosefrei), flüssig
- ❖ *Margarine, vegan*
- 5 Eier, getrennt
- 200 g Nüsse, gemahlen
- 1 EL glutenfreie Mehlmischung, hell
- 100 g Schokostreusel (ggf. laktosefrei)
- ❖ *Schokostreusel, vegan*
- 1 TL Backpulver
- 1 EL Rum

Für die Rahmschicht:
- 7 Blatt Gelatine
- 200 ml Eierlikör*
- 50 g Zucker
- 400 ml Sahne (ggf. laktosefrei)
- ❖ *Sahneersatz auf Reisbasis, aufschlagbar*
- 150 g Sauerrahm (ggf. laktosefrei)
- ❖ *Schmandersatz auf Sojabasis*

Für den Eierlikörbelag:
- 2 Blatt Gelatine
- 200 ml Eierlikör*

Zur Dekoration:
- 100 ml Sahne (ggf. laktosefrei)
- ❖ *Sahneersatz auf Reisbasis, aufschlagbar*
- ½ P. Vanillezucker
- ½ P. Sahnesteif
- einige Mandeln, ganz

*Im Handel ist gluten- und milchfreier Eierlikör erhältlich.

1. Den Teig herstellen. Zucker, Vanillezucker, Butter und Eigelb schaumig rühren. Eiweiß steif schlagen. Nüsse, Mehl, Schokostreusel und Backpulver mischen. Eischnee, Nussmischung und Rum auf die Schaummasse geben und alles locker und vorsichtig mit dem Schneebesen vermengen.
   Den Teig in eine mit Backpapier ausgelegte Springform füllen und im vorgeheizten Backofen bei 150° C (Ober- und Unterhitze, auf mittlerer Schiene) ca. 60 Minuten backen. Aus der Form lösen und auf einem Kuchengitter auskühlen lassen.
2. Für die Rahmschicht die Gelatine in kaltem Wasser einweichen. Eierlikör und Zucker verrühren. Die Gelatine in 3–4 EL heißem Wasser auflösen und unter den Eierlikör rühren. Sahne steif schlagen und mit dem Sauerrahm unter die Eierlikör-Gelatine rühren.
3. Den Kuchenboden auf eine Tortenplatte legen, mit einem Tortenring umschließen und die Rahmmasse darauf verteilen. Ca. 3 Stunden kühl stellen, damit die Masse fest wird.
4. Für den Eierlikörspiegel die Gelatine in kaltem Wasser einweichen. Die Gelatine in 1 EL heißem Wasser auflösen und dann mit dem Eierlikör verrühren. Gleichmäßig auf der Rahmschicht verteilen. Im Kühlschrank fest werden lassen.
5. Den Tortenring entfernen. Sahne, Vanillezucker und Sahnesteif fest aufschlagen. Die Torte mit Sahnetuffs und ganzen Mandeln verzieren.

BUCHWEIZEN-BISKUITROULADE MIT PREISELBEERSAHNE

WER DEN HERBEN GESCHMACK DES BUCHWEIZENS NICHT MAG, WIRD ÜBERRASCHT SEIN, WIE FEIN DIESE ZARTE BISKUITROULADE SCHMECKT!

Für 1 Roulade = 12 Stück

Für den Biskuit:

- 6 Eier, getrennt
- 120 g Puderzucker
- 1 P. Vanillezucker
- 100 g glutenfreie Mehlmischung, hell
- 50 g Buchweizenmehl
- ¾ P. Backpulver

Für die Füllung:

- 200 ml Sahne (ggf. laktosefrei)
- ❖ *Sahneersatz auf Kokosbasis, aufschlagbar*
- 1 P. Sahnesteif
- 1 P. Vanillezucker
- 150 g Preiselbeeren aus dem Glas

Zur Dekoration:

- 100 ml Sahne (ggf. laktosefrei)
- ❖ *Sahneersatz auf Kokosbasis, aufschlagbar*
- ½ P. Sahnesteif
- ½ P. Vanillezucker
- einige Preiselbeeren aus dem Glas

1. Für den Biskuit das Eiweiß mit der Hälfte des Puderzuckers fest aufschlagen. Eidotter mit dem restlichen Puderzucker und dem Vanillezucker sehr schaumig rühren. Mehl, Buchweizenmehl und Backpulver mischen und mit dem Eiweiß auf das Eidottergemisch geben. Alles vorsichtig mit dem Schneebesen verrühren und auf ein mit Backpapier ausgelegtes Backblech streichen. Im vorgeheizten Backofen bei 180° C (Ober- und Unterhitze, auf mittlerer Schiene) 12–15 Minuten backen.

2. Den Biskuitboden sofort auf ein sauberes Geschirrtuch stürzen. Das Backpapier abziehen und mitsamt dem Geschirrtuch von der Längsseite her locker aufrollen. Auskühlen lassen.

3. Die Sahne mit Sahnesteif und Vanillezucker fest aufschlagen.

4. Den Biskuit auseinanderrollen und mit Sahne gleichmäßig bestreichen. Die Preiselbeeren auf der Sahne verteilen und die Biskuitroulade aufrollen. Anschließend auf eine Kuchenplatte legen und die Enden gerade abschneiden.

5. Zur Dekoration die Sahne mit Sahnesteif und Vanillezucker fest aufschlagen, in einen Spritzbeutel mit Sterntülle einfüllen und die Biskuitroulade mit Sahnetuffs verzieren. Einige Preiselbeeren auf die Sahnetuffs geben und die Roulade bis zum Verzehr kühl stellen.

Tipp: *Wer die Füllung besonders sahnig mag, kann anstatt der angegebenen Menge Sahne 400 ml Sahne sowie die doppelte Menge Sahnesteif und Vanillezucker verwenden.*

HIMBEER-BUTTERCREME-TORTE

DIE BUTTERCREME IST AUSGESPROCHEN FRUCHTIG UND ZART ZUGLEICH. KOMBINIERT MIT ZARTEM BISKUIT UND HIMBEERKONFITÜRE IST DER TORTENTRAUM PERFEKT!

Für 1 Torte (26 cm Ø) = 12 Stück

- 1 Grundrezept „Dunkler Biskuit für Torten", siehe Seite 35

Für die Creme:

- 600 g Himbeeren, frisch oder tiefgekühlt
- 120 g Zucker
- 1 P. Vanillepuddingpulver
- 300 g Butter (ggf. laktosefrei), Zimmertemperatur
- ❖ *280 g Margarine, vegan*

Außerdem:

- 4 EL Himbeerkonfitüre

Zur Dekoration:

- 12 Himbeeren, frisch
- 12 Melisseblättchen

1. Den Biskuit nach Anleitung herstellen, auskühlen lassen und zweimal teilen. Den untersten Biskuitboden auf eine Tortenplatte legen und mit einem Tortenring umschließen.
2. Die Buttercreme herstellen. Werden gefrorene Himbeeren verwendet, diese auftauen und gut abtropfen lassen. Himbeeren pürieren und durch ein Sieb streichen, sodass keine Kerne im Himbeerpüree sind.
3. 500 ml Himbeerpüree abmessen, bei Bedarf mit Wasser auffüllen, dann mit Zucker und Vanillepuddingpulver in einen Topf geben und gut verrühren. Die Masse unter Rühren zum Kochen bringen und einmal aufkochen lassen. Den Himbeerpudding sogleich direkt mit Frischhaltefolie abdecken, damit sich keine Haut bildet, und komplett auskühlen lassen.
4. Die Butter mit dem Handrührgerät cremig rühren. Den Himbeerpudding esslöffelweise zugeben und jeweils gut mit dem Rührgerät unterrühren. Zur Dekoration ca. 4 EL Buttercreme in einen Spritzbeutel mit Sterntülle einfüllen und in den Kühlschrank legen.
5. 2 EL Himbeerkonfitüre auf dem unteren Biskuitboden verteilen. Darauf circa ein Viertel der Buttercreme streichen. Den mittleren Tortenboden auflegen, die restliche Konfitüre aufstreichen und ein weiteres Viertel Creme darauf verteilen. Den obersten Tortenboden auflegen und mit einem weiteren Viertel Buttercreme bestreichen. Mit der restlichen Buttercreme die Torte ringsum einstreichen.
6. Mit Buttercreme-Tuffs die Torte verzieren und mit Himbeeren und Melisseblättchen belegen.

MOKKASAHNETORTE

DER TORTENKLASSIKER MIT FEINEM KAFFEEAROMA!

Für 1 Springform (26 cm Ø) = 12 Stück

Für den Biskuit:

- 1 Grundrezept „Dunkler Biskuit für Torten“, siehe Seite 35
- 100 ml starker Kaffee, kalt

Für die Mokkasahne:

- 800 ml Sahne (ggf. laktosefrei)
- ❖ *Sahneersatz auf Sojabasis, aufschlagbar*
- 100 g Zartbitterschokolade (ggf. laktosefrei)
- ❖ *Zartbitterschokolade, vegan*
- 2 EL Kaffeepulver, löslich
- 4 P. Sahnesteif
- 25 g Zucker
- 2 P. Vanillezucker

Zur Dekoration:

- 12 Schoko-Mokkabohnen (ggf. laktosefrei)
- ❖ *auf Milchbestandteile achten*

1. Am Vortag den Biskuit nach Anleitung herstellen. Ebenfalls am Vortag für die Mokkasahne die Sahne in einen Topf geben und unter Rühren erwärmen. Die Zartbitterschokolade in Stücke brechen und in der Sahne schmelzen. Das Kaffeepulver unterrühren. Das Sahnegemisch auskühlen lassen und über Nacht in den Kühlschrank stellen.
2. Am nächsten Tag den Biskuit zweimal waagrecht teilen.
3. Das Sahnegemisch in eine große Rührschüssel geben. Sahnesteif, Zucker und Vanillezucker zugeben und steif schlagen. 5–6 EL Mokkasahne in einen Spritzbeutel mit Sterntülle einfüllen und in den Kühlschrank legen.
4. Den unteren Tortenboden auf eine Tortenplatte legen und mit 50 ml Kaffee beträufeln. Knapp ein Viertel der Mokkasahne auf den unteren Tortenboden streichen. Den mittleren Tortenboden auflegen und mit dem restlichen Kaffee beträufeln. Ein weiteres Viertel der Mokkasahne daraufstreichen. Den oberen Tortenboden auflegen und die komplette Torte mit der restlichen Mokkasahne bestreichen. Mit Mokkasahnetuffs verzieren und mit Schoko-Mokkabohnen belegen. Die Torte für ca. 3 Stunden in den Kühlschrank stellen, damit sie durchziehen kann.

SCHOKOMOUSSETORTE

EINES DER ERSTEN TORTENREZEPTE AUF MEINER WEBSEITE UND IMMER NOCH BELIEBT!!

1. Den Biskuit nach Anleitung herstellen und auskühlen lassen.
2. Für die Füllung die Gelatine in kaltem Wasser 10 Minuten einweichen. Die Schokolade in Stücke brechen und im heißen Wasserbad schmelzen. Die aufgelöste Schokolade darf nicht heiß sein, sonst gelingt die Schokosahne nicht! Die Sahne steif schlagen.
3. Den Biskuit auf eine Tortenplatte legen und mit einem Tortenring umschließen.
4. Die Gelatine ausdrücken und in 3 EL heißem Wasser auflösen. 1 EL Schlagsahne mit der aufgelösten Gelatine verrühren, dann das Gemisch rasch zur Schlagsahne geben und zusammen mit der aufgelösten Schokolade vorsichtig und gut vermischen.
5. Die Schokosahne auf den Biskuit streichen und 3 Stunden oder auch über Nacht kühl stellen.
6. Zur Dekoration Sahne, Sahnesteif und Vanillezucker fest aufschlagen und die Torte mit Sahnetuffs und Schokoladenornamenten verzieren.

***Tipp:** Als Variation eine Bananen-Schokomousse-Torte – dazu den Biskuit mit 4 EL Aprikosenkonfitüre bestreichen und mit 4 halbierten Bananen belegen. Die Schokomousse auf die Bananen geben und nach Rezept verfahren.*

Für 1 Springform (26 cm Ø)
= 12 Stück

- 1 Grundrezept „Biskuit für Kuchen", siehe Seite 34

Für die Füllung:

- 4 Blatt Gelatine
- 150 g Zartbitterschokolade (ggf. laktosefrei)
- ❖ *Zartbitterschokolade, vegan*
- 400 ml Sahne (ggf. laktosefrei)
- ❖ *Sahneersatz auf Kokosbasis, aufschlagbar*

Zur Dekoration:

- 100 ml Sahne (ggf. laktosefrei)
- ❖ *Sahneersatz auf Kokosbasis, aufschlagbar*
- ½ P. Sahnesteif
- ½ P. Vanillezucker
- glutenfreie Schokoladenornamente

TORTE CHARLOTTE

EINE MEINER LIEBSTEN TORTENKREATIONEN IST NACHFOLGEND BESCHRIEBEN.

Für die formschönen Torten mit Biskuitumrandung wird zuerst eine Biskuitrolle zubereitet, dann gefüllt und in Scheiben geschnitten. Anschließend wird ein Tortenring damit ausgelegt und die Creme eingefüllt. Die Torte lässt sich sehr gut vorbereiten und kann problemlos am Vortag komplett hergestellt werden. Ob fruchtig oder schokoladig – auf Seite 92 bis Seite 95 sind einige köstliche Varianten aufgeführt.

1. Den Biskuit nach Anleitung herstellen und noch heiß auf ein sauberes Geschirrtuch stürzen. Das Backpapier sofort abziehen.

1

2. Den Biskuit mitsamt dem Geschirrtuch von der Längsseite her aufrollen. Die Biskuitrolle komplett auskühlen lassen.

2

3

3. Die Biskuitrolle vorsichtig entrollen und mit Konfitüre gleichmäßig bestreichen. Anschließend aufrollen und die gefüllte Rolle auf ein Schneidebrett legen.

4. Eine Tortenplatte bereitstellen und einen Tortenring daraufstellen. Nun ca. 2 cm breite Scheiben von der Biskuitrolle abschneiden.

4

5

5. Den Tortenring zuerst am Rand entlang mit den Biskuitscheiben auskleiden.

6

6. Anschließend den Tortenboden mit Biskuitscheiben auslegen.

7

7. Die Füllung nach Rezept herstellen, in die Torte einfüllen und fest werden lassen. Anschließend den Tortenring entfernen und die Torte dekorieren.

APRIKOSEN-EIERLIKÖR-CHARLOTTE

DIE VERBINDUNG VON APRIKOSEN UND EIERLIKÖR IST FÜR MICH BESONDERS UND EINMALIG!

Für 1 Torte = 12 Stück

- 1 Grundrezept „Biskuit für Blechkuchen und Rouladen“, siehe Seite 35
- 200 g Aprikosenkonfitüre

Für die Füllung:

- 9 Blatt Gelatine
- 1 Dose Aprikosen, Abtropfgewicht 480 g (oder frische Früchte)
- 500 g Mascarpone (ggf. laktosefrei)
- ❖ *Schmandersatz auf Sojabasis*
- 150 g Naturjoghurt (ggf. laktosefrei)
- ❖ *Joghurtersatz auf Sojabasis*
- 100 ml Eierlikör*
- 75 g Zucker

Zur Dekoration:

- 100 ml Sahne (ggf. laktosefrei)
- ❖ *Sahneersatz auf Kokosbasis, aufschlagbar*
- ½ P. Sahnesteif
- ½ P. Vanillezucker
- etwas Eierlikör*

*Im Handel ist gluten- und milchfreier Eierlikör erhältlich.

1. Biskuit nach Anleitung herstellen, auf ein sauberes Geschirrtuch stürzen und mitsamt dem Tuch aufrollen. Auskühlen lassen.
2. Biskuit auseinanderrollen und mit Aprikosenkonfitüre gleichmäßig bestreichen. Wieder aufrollen und ca. 2–2,5 cm dicke Scheiben abschneiden. Einen Tortenring mit einem Durchmesser von 25–26 cm auf eine Tortenplatte stellen. Die Form zuerst am Tortenrand entlang mit Biskuitscheiben auskleiden und dann den Tortenboden komplett mit Biskuitscheiben auslegen.
3. Gelatine ca. 10 Minuten in kaltem Wasser einweichen.
4. Für die Füllung die Aprikosen abtropfen lassen, Saft dabei auffangen. Frische Früchte halbieren und entkernen. Aprikosen klein würfeln. Mascarpone, Joghurt, Eierlikör, 175 ml Aprikosensaft und Zucker verrühren. Gelatine ausdrücken und in 4 EL heißem Wasser auflösen. 3 EL Mascarpone-Creme zur Gelatine rühren, dann die Gelatine sofort unter die Creme rühren. Aprikosenwürfel unterheben, die Masse in die Form einfüllen und glatt streichen. Ca. 3–4 Stunden oder über Nacht kühl stellen.
5. Sahne mit Sahnesteif und Vanillezucker fest aufschlagen und in einen Spritzbeutel mit Sterntülle einfüllen. Den Tortenring entfernen, Sahnetuffs auf die Torte spritzen und mit Eierlikör besprenkeln.

ZITRONEN-BUTTERMILCH-CHARLOTTE

HERRLICH ERFRISCHEND UND ZART KOMMT DIESE TORTE MIT DER LEICHT SÄUERLICHEN BUTTERMILCHFÜLLUNG DAHER!

1. Den Biskuit nach Anleitung herstellen. Sofort auf ein sauberes Geschirrtuch stürzen, das Backpapier abziehen und mitsamt dem Tuch aufrollen. Auskühlen lassen.
2. Die Biskuitrolle vorsichtig auseinanderrollen und mit Konfitüre gleichmäßig bestreichen. Wieder aufrollen und ca. 2–2,5 cm dicke Scheiben abschneiden. Einen Tortenring mit einem Durchmesser von 25–26 cm auf eine Tortenplatte stellen. Die Form zuerst am Tortenrand entlang mit Biskuitscheiben auskleiden und dann den Tortenboden komplett mit Biskuitscheiben auslegen.
3. Gelatine ca. 10 Minuten in kaltem Wasser einweichen.
4. Buttermilch, Zucker, Vanillezucker, Zitronensaft und -abrieb verrühren. Die Gelatine ausdrücken, in 3 EL heißem Wasser auflösen, dann sofort unter das Buttermilchgemisch rühren. Im Kühlschrank leicht gelieren lassen.
5. Die Sahne steif schlagen und unter die leicht gelierte Buttermilchmasse heben.
6. Die Creme in die Form einfüllen und glatt streichen. Ca. 3–4 Stunden oder über Nacht kalt stellen.
7. Zur Dekoration Sahne mit Sahnesteif und Vanillezucker fest aufschlagen. Den Tortenring entfernen und die Torte mit Sahnetuffs, Zitronenscheiben und Minzblättern verzieren.

Für 1 Torte = 12 Stück

Für den Biskuit:
- 1 Grundrezept „Biskuit für Blechkuchen und Rouladen“, siehe Seite 35
- 200 g Orangenkonfitüre

Für die Füllung:
- 8 Blatt Gelatine
- 300 ml Buttermilch (ggf. laktosefrei)
- ❖ *Buttermilchersatz, vegan, Zubereitung siehe Seite 30*
- 135 g Zucker
- 1 P. Vanillezucker
- 2 Zitronen (Saft und Abrieb)
- 600 ml Sahne (ggf. laktosefrei)
- ❖ *Sahneersatz auf Kokosbasis, aufschlagbar*

Zur Dekoration:
- 100 ml Sahne (ggf. laktosefrei)
- ❖ *Sahneersatz auf Kokosbasis, aufschlagbar*
- ½ P. Sahnesteif
- ½ P. Vanillezucker
- einige Zitronenscheiben
- einige Minzeblätter

SCHOKO-BANANEN-CHARLOTTE

DER FORMSCHÖNE TORTENTRAUM FÜR SCHOKOLADENFANS!

Für 1 Torte = 12 Stück

- 1 Grundrezept „Biskuit für Blechkuchen und Rouladen", siehe Seite 35

Für die Biskuitfüllung:

- 200 ml Sahne (ggf. laktosefrei)
- ❖ *Sahneersatz auf Kokosbasis, aufschlagbar*
- 1 P. Sahnesteif
- 1 P. Vanillezucker

Für die Schokofüllung:

- 6 Blatt Gelatine
- 225 g Zartbitterkuvertüre (ggf. laktosefrei)
- ❖ *Kuvertüre, vegan*
- 600 ml Sahne (ggf. laktosefrei)
- ❖ *Sahneersatz auf Kokosbasis, aufschlagbar*
- 3 Bananen

Zur Dekoration:

- 100 ml Sahne (ggf. laktosefrei)
- ❖ *Sahneersatz auf Kokosbasis, aufschlagbar*
- ½ P. Sahnesteif
- ½ P. Vanillezucker
- etwas Kakaopulver, ungesüßt

1. Biskuit nach Anleitung herstellen, auf ein sauberes Geschirrtuch stürzen und mitsamt dem Tuch aufrollen. Auskühlen lassen.
2. Für die Biskuitfüllung Sahne, Sahnesteif und Vanillezucker fest aufschlagen. Ausgekühlten Biskuit vorsichtig auseinanderrollen, gleichmäßig mit der Sahne bestreichen und wieder aufrollen. Dann ca. 2–2,5 cm dicke Scheiben abschneiden. Einen Tortenring mit einem Durchmesser von 25–26 cm auf eine Tortenplatte stellen. Die Form zuerst am Tortenrand entlang mit Biskuitscheiben auskleiden und dann den Tortenboden komplett mit Biskuitscheiben auslegen.
3. Für die Schokofüllung die Gelatine ca. 10 Minuten in kaltem Wasser einweichen. Die Kuvertüre grob hacken und im heißen Wasserbad schmelzen. Die Sahne steif schlagen. Die Bananen schälen und längs halbieren.
4. Die Gelatine ausdrücken und in 3 EL heißem Wasser auflösen. 1 EL Schlagsahne mit der aufgelösten Gelatine verrühren, dann das Gemisch und die aufgelöste Kuvertüre sofort zur Schlagsahne geben und alles gut verrühren. Die aufgelöste Kuvertüre darf nicht zu warm sein, sonst gelingt die Schokosahne nicht.
5. Ein Drittel der Schokosahne auf den Biskuitboden streichen, die Bananen darauflegen und die restliche Schokosahne daraufstreichen. Ca. 3–4 Stunden oder über Nacht kühl stellen.
6. Für die Dekoration Sahne, Sahnesteif und Vanillezucker fest aufschlagen und die Schlagsahne in eine Tortenspritze mit Sterntülle einfüllen. Den Tortenring entfernen, die Torte mit etwas Kakaopulver bestreuen und mit Sahnetuffs verzieren.

ERDBEER-JOGHURT-CHARLOTTE

FRÜHLING IST ERDBEERZEIT! DIESE AROMATISCHE TORTE ZIEHT ALLE BLICKE AUF SICH.

1. Den Biskuit nach Anleitung herstellen und sofort auf ein sauberes Geschirrtuch stürzen. Das Backpapier abziehen und mit samt dem Tuch aufrollen. Auskühlen lassen.
2. Für die Biskuitfüllung Sahne, Sahnesteif und Puderzucker steif schlagen. Biskuit auseinanderrollen und mit der Sahne gleichmäßig bestreichen. Wieder aufrollen und ca. 2 cm dicke Scheiben abschneiden.
3. Einen Tortenring mit einem Durchmesser von 25–26 cm auf eine Tortenplatte stellen. Die Form zuerst am Tortenrand entlang mit Biskuitscheiben auskleiden, dann den Tortenboden komplett mit Biskuitscheiben auslegen.
4. Für die Füllung die Gelatine in kaltem Wasser ca. 10 Minuten einweichen. Erdbeeren, Joghurt, Zucker und Vanillezucker verrühren. Die Gelatine ausdrücken und in 4 EL heißem Wasser auflösen. 1 EL der Creme zur Gelatine rühren, dann das Gelatinewasser sofort unter die Creme rühren. Masse leicht gelieren lassen und die Schlagsahne unterheben. Die Creme in die Torte einfüllen und glatt streichen. Ca. 3–4 Stunden oder über Nacht kühl stellen.
5. Zur Dekoration die Sahne mit Sahnesteif und Vanillezucker steif schlagen. Den Tortenring entfernen, die Torte mit Sahnetuffs, Erdbeeren und Minzeblättern dekorieren.

Für 1 Torte = 12 Stück

- 1 Grundrezept „Biskuit für Blechkuchen und Rouladen“, siehe Seite 35

Für die Biskuitfüllung:

- 200 ml Sahne (ggf. laktosefrei)
- ❖ *Sahneersatz auf Reisbasis, aufschlagbar*
- 1 P. Sahnesteif
- 1 EL Puderzucker

Für die Füllung:

- 10 Blatt Gelatine
- 400 g Erdbeeren, püriert
- 500 g Naturjoghurt (ggf. laktosefrei)
- ❖ *Joghurtersatz auf Kokosbasis*
- 80 g Zucker
- 2 P. Vanillezucker
- 200 ml Sahne (ggf. laktosefrei), steif geschlagen
- ❖ *Sahneersatz auf Reisbasis, aufschlagbar*

Zur Dekoration:

- 100 ml Sahne (ggf. laktosefrei)
- ❖ *Sahneersatz auf Reisbasis, aufschlagbar*
- ½ P. Sahnesteif
- ½ P. Vanillezucker
- einige Erdbeeren und Minzeblätter

STRUDEL HERZHAFT

LACHS-GEMÜSE-STRUDEL

DIE ZUTATEN VERBINDEN SICH ZU EINEM WUNDERBAREN PIKANTEN GESCHMACKSERLEBNIS! EIN SAFTIGER STRUDEL.

Foto links

Für 1 Strudel

- 1 Grundrezept „Strudelteig“, siehe Seite 49

Für die Füllung:

- 2 EL Öl
- 2 Zwiebeln, fein gehackt
- 2 Karotten, grob geraspelt
- 1 kleine Zucchini, klein gewürfelt
- 80 g Schmand (ggf. laktosefrei)
- ❖ *Schmandersatz auf Sojabasis*
- 1 TL Dill, fein geschnitten
- 1 TL Salz
- Pfeffer
- 150 g Räucherlachs, grob geschnitten
- 150 g Emmentaler, gerieben (ggf. laktosefrei)
- ❖ *Käsealternative, vegan, gerieben*

Außerdem:

- etwas glutenfreies Mehl für das Geschirrtuch
- 25 g Butter (ggf. laktosefrei), flüssig, zum Bepinseln
- ❖ *Margarine, vegan*

1. Den Strudelteig nach Anleitung herstellen und ruhen lassen, bis die Füllung zubereitet ist.
2. Das Öl in einer Pfanne erhitzen. Zwiebeln und Karotten unter Rühren einige Minuten dünsten, bis die Karotten bissfest sind. Zucchinistücke untermischen und die Masse abkühlen lassen.
3. Ein sauberes Geschirrtuch ausbreiten und dünn mit glutenfreiem Mehl bestäuben. Den Strudelteig auf dem Geschirrtuch mit einem Nudelholz dünn zu einem großen Rechteck ausrollen.
4. Schmand, Dill, Salz und Pfeffer verquirlen und den Teig gleichmäßig damit bestreichen. Ringsum ca. 2 cm frei lassen. Die Zwiebel-Karotten-Mischung, Lachs und Emmentaler auf der Schmandmasse gleichmäßig verteilen.
5. Nun die Teigplatte aufrollen. Hierzu die Breitseiten des Teigs ca. 2–3 cm mithilfe des Tuchs nach innen einklappen, dann den Strudel von der Längsseite her vorsichtig aufrollen und auf ein mit Backpapier ausgelegtes Backblech legen. Mit flüssiger Butter bepinseln.
6. Den Strudel im vorgeheizten Backofen bei 220° C (Ober- und Unterhitze, auf mittlerer Schiene) 10 Minuten backen. Die Temperatur auf 175° C reduzieren, den Strudel nochmals mit Butter bepinseln und weitere 25–30 Minuten goldgelb backen. Aus dem Ofen nehmen, in Stücke schneiden und servieren.

KRAUTSTRUDEL

EIN KLASSIKER UNTER DEN HERZHAFTEN STRUDELN! AUF WUNSCH KANN DER STRUDEL OHNE HACKFLEISCH ZUBEREITET WERDEN.

Für 1 Strudel

- 1 Grundrezept „Strudelteig“, siehe Seite 49

Für die Füllung:

- 1 EL Butter (ggf. laktosefrei)
- ❖ *Margarine, vegan*
- 1 Zwiebel, fein gehackt
- 200 g Hackfleisch, gemischt
- 500 g Weißkohl, gehobelt
- 25 ml Gemüse- oder Fleischbrühe
- ❖ *auf Milchbestandteile achten*
- 1 EL Petersilie, fein geschnitten
- 1 EL Essig
- 1 TL Zucker
- Salz
- Pfeffer
- Kümmel
- 100 g Schmand (ggf. laktosefrei)
- ❖ *Schmandersatz auf Sojabasis*

Außerdem:

- etwas glutenfreies Mehl für das Geschirrtuch
- 25 g Butter (ggf. laktosefrei), flüssig, zum Bepinseln
- ❖ *Margarine, vegan*

1. Den Strudelteig nach Anleitung herstellen und ruhen lassen, bis die Füllung zubereitet ist.
2. Die Butter in einer Pfanne erhitzen, Zwiebel und Hackfleisch zugeben und bröselig anbraten. Weißkohl, Brühe, Petersilie, Essig, Zucker, Salz, Pfeffer und Kümmel zugeben. Einen Deckel auflegen und den Kohl unter Rühren bissfest kochen. Immer wieder umrühren und prüfen, damit der Kohl nicht anbrennt! Bei Bedarf noch wenig Brühe nachgießen. Masse abkühlen lassen, dann den Schmand unterrühren.
3. Ein sauberes Geschirrtuch ausbreiten und dünn mit glutenfreiem Mehl bestäuben. Den Strudelteig mit einem Nudelholz auf dem Geschirrtuch dünn zu einem großen Rechteck ausrollen.
4. Die Weißkohlmasse auf dem Teig verteilen, dabei ringsum 2–3 cm frei lassen.
5. Nun die Teigplatte aufrollen. Hierzu die Breitseiten des Teigs ca. 2–3 cm mithilfe des Tuchs nach innen einschlagen. Dann den Strudel von der Längsseite her vorsichtig aufrollen und auf ein mit Backpapier ausgelegtes Backblech legen. Mit flüssiger Butter bepinseln.
6. Den Strudel im vorgeheizten Backofen bei 220° C (Ober- und Unterhitze, auf mittlerer Schiene) 10 Minuten backen. Die Temperatur auf 175° C reduzieren, den Strudel nochmals mit Butter bepinseln und weitere 25–30 Minuten goldgelb backen. Aus dem Ofen nehmen, in Stücke schneiden und servieren.

PIZZASTRUDEL

PIZZA MAL ANDERS! DER STRUDEL VEREINT DIE BELIEBTEN ZUTATEN IN EINER KÖSTLICHEN ROLLE.

Für 1 Strudel

- 1 Grundrezept „Strudelteig", siehe Seite 49

Für die Füllung:

- 2 EL Öl
- 1 Zwiebel, fein gehackt
- ½ rote Paprikaschote, fein gewürfelt
- ½ gelbe Paprikaschote, fein gewürfelt
- 100 g Schmand (ggf. laktosefrei)
- ❖ *Schmandersatz auf Sojabasis*
- 1 EL Tomatenmark
- 2 TL Pizzagewürz
- 1,5 TL Salz
- Pfeffer
- 120 g Salami, klein geschnitten
- ❖ *auf Milchbestandteile achten*
- 120 g Kochschinken, klein geschnitten
- ❖ *auf Milchbestandteile achten*
- 150 g Emmentaler, gerieben (ggf. laktosefrei)
- ❖ *Käsealternative, vegan, gerieben*

Außerdem:

- etwas glutenfreies Mehl für das Geschirrtuch
- 25 g Butter (ggf. laktosefrei), flüssig, zum Bepinseln
- ❖ *Margarine, vegan*

1. Den Strudelteig nach Anleitung herstellen, in Frischhaltefolie wickeln und ruhen lassen, bis die Füllung zubereitet ist.
2. Das Öl in einer Pfanne erhitzen. Zwiebel und Paprika unter Rühren einige Minuten dünsten. Abkühlen lassen.
3. Ein sauberes Geschirrtuch ausbreiten und dünn mit glutenfreiem Mehl bestäuben. Den Strudelteig mit einem Nudelholz auf dem Geschirrtuch sehr dünn zu einem großen Rechteck ausrollen.
4. Schmand, Tomatenmark, Pizzagewürz, Salz und Pfeffer verrühren und den Teig gleichmäßig damit bestreichen. Ringsum ca. 2 cm frei lassen. Die Zwiebel-Paprika-Mischung, Salami, Kochschinken und Emmentaler auf der Tomatenmischung gleichmäßig verteilen.
5. Nun die Teigplatte aufrollen. Hierzu die Breitseiten des Teigs ca. 2–3 cm mithilfe des Tuchs nach innen einschlagen. Dann den Strudel von der Längsseite her vorsichtig aufrollen und auf ein mit Backpapier ausgelegtes Backblech legen. Mit flüssiger Butter bepinseln.
6. Den Strudel im vorgeheizten Backofen bei 220° C (Ober- und Unterhitze, auf mittlerer Schiene) 10 Minuten backen. Die Temperatur auf 175° C reduzieren, den Strudel nochmals mit Butter bepinseln und weitere 25–30 Minuten goldgelb backen. Aus dem Ofen nehmen, in Stücke schneiden und servieren.

STRUDEL SÜß

HEIDELBEER-QUARK-STRUDEL

EGAL OB ALS MEHLSPEISE ODER ZUM NACHMITTAGSKAFFEE, DER ZARTE QUARKSTRUDEL PASST ZU JEDER GELEGENHEIT!

1. Den Strudelteig nach Anleitung herstellen und in Frischhaltefolie wickeln, bis die Füllung hergestellt ist.
2. Für die Füllung 50 ml Milch, Vanillepuddingpulver, Zucker und Vanillezucker verrühren. Die restliche Milch zum Kochen bringen, das Puddingpulver-Gemisch zugeben und unter Rühren einmal aufkochen lassen. Den Pudding von der Kochstelle nehmen, direkt mit Frischhaltefolie abdecken, damit sich keine Haut bildet, und abkühlen lassen. Quark und Semmelbrösel unterrühren und die Heidelbeeren vorsichtig unter die Masse ziehen.
3. Ein sauberes Geschirrtuch ausbreiten und gleichmäßig mit glutenfreiem Mehl bestäuben. Den Teig daraufgeben und mit dem Nudelholz sehr dünn zu einem großen Rechteck ausrollen.
4. Die Quarkfüllung gleichmäßig auf den Teig streichen, dabei ringsum ca. 2 cm frei lassen.
5. Den Teig mithilfe des Tuchs aufrollen. Zuerst links und rechts an den Breitseiten den Teig einige Zentimeter einklappen, dann von der Längsseite her vorsichtig aufrollen und auf ein mit Backpapier ausgelegtes Backblech legen. Mit Butter bepinseln.
6. Den Strudel im vorgeheizten Backofen bei 190 °C (Ober- und Unterhitze, auf mittlerer Schiene) 35–40 Minuten backen. Nach der halben Backzeit nochmals mit Butter bepinseln.
7. Den fertigen Strudel aus dem Ofen nehmen, etwas abkühlen lassen und mit Puderzucker bestreuen.

Tipp: *Als Beilage schmeckt Vanillesoße köstlich!*

Foto links

Für 1 Strudel

- 1 Grundrezept „Strudelteig“, siehe Seite 49

Für die Füllung:

- 250 ml Milch (ggf. laktosefrei)
- ❖ *225 ml Mandeldrink*
- 1 P. Vanillepuddingpulver
- 60 g Zucker
- 2 P. Vanillezucker
- 250 g Magerquark (ggf. laktosefrei)
- ❖ *225 g Quarkersatz auf Sojabasis*
- 1 EL glutenfreie Semmelbrösel (ggf. laktosefrei)
- ❖ *auf Milchbestandteile achten*
- 125 g Heidelbeeren

Außerdem:

- etwas glutenfreies Mehl für das Geschirrtuch
- 25 g Butter (ggf. laktosefrei), flüssig, zum Bepinseln
- ❖ *Margarine, vegan*
- Puderzucker zum Bestreuen

KIRSCH-MOHN-STRUDEL

DER ÜPPIG GEFÜLLTE STRUDEL MIT MOHN UND KIRSCHEN HARMONIERT BESTENS MIT VANILLESOßE!

Für 1 Strudel
- 1 Grundrezept „Strudelteig“, siehe Seite 49
- 300 g Kirschen, frisch oder aus dem Glas

Für die Mohnfüllung:
- 150 ml Milch (ggf. laktosefrei)
- ❖ *Cashewdrink*
- 120 g Zucker
- 160 g Mohn, gemahlen
- 2 EL glutenfreie Semmelbrösel
- ❖ *auf Milchbestandteile achten*
- 1 Messerspitze Zimt
- etwas Zitronenschale, abgerieben
- 200 g Schmand (ggf. laktosefrei)
- ❖ *Schmandersatz auf Sojabasis*

Außerdem:
- etwas glutenfreies Mehl für das Geschirrtuch
- 25 g Butter (ggf. laktosefrei), flüssig, zum Bepinseln
- ❖ *Margarine, vegan*
- Puderzucker zum Bestreuen

1. Den Teig nach Anleitung herstellen, in Frischhaltefolie wickeln und bei Zimmertemperatur ruhen lassen, bis die Füllung hergestellt ist.
2. Frische Kirschen entsteinen und halbieren. Kirschen aus dem Glas abtropfen lassen.
3. Für die Füllung Milch und Zucker in einem Topf zum Kochen bringen. Topf von der Kochstelle nehmen und Mohn sowie alle übrigen Zutaten für die Mohnfüllung zugeben, gut durchrühren und auskühlen lassen.
4. Ein sauberes Geschirrtuch mit glutenfreiem Mehl bestäuben. Den Teig mit einem Nudelholz zu einem großen Rechteck dünn ausrollen.
5. Mohnfüllung und Schmand verrühren. Den Teig damit gleichmäßig bestreichen, jedoch ca. 2–3 cm ringsum frei lassen. Mit den Kirschen belegen.
6. Die Ränder links und rechts mithilfe des Geschirrtuchs einklappen. Den befüllten Teig mithilfe des Geschirrtuchs von der Längsseite her vorsichtig aufrollen und den Strudel auf ein mit Backpapier ausgelegtes Backblech heben.
7. Mit Butter bestreichen. Im vorgeheizten Backofen bei 180° C (Ober- und Unterhitze, auf mittlerer Schiene) 40–45 Minuten backen. Nach der halben Backzeit nochmals mit Butter bepinseln.
8. Den Strudel aus dem Ofen nehmen, etwas auskühlen lassen und mit Puderzucker bestreuen.

BIRNEN-MANDEL-STRUDEL

PROBIEREN SIE VANILLEEIS UND SCHLAGSAHNE ZU DIESER KÖSTLICHKEIT!

Für 1 Strudel
- 1 Grundrezept „Strudelteig", siehe Seite 49

Für die Birnenfüllung:
- 700 g Birnen
- 60 g Zucker
- ½ TL Zimt
- 100 g Marzipanrohmasse, kalt
- 60 g glutenfreie Semmelbrösel
- ❖ *auf Milchbestandteile achten*
- 20 g Butter (ggf. laktosefrei)
- ❖ *Margarine, vegan*
- 80 g Butter, flüssig (ggf. laktosefrei)
- ❖ *Margarine, vegan*
- 60 g Mandelblättchen

Außerdem:
- etwas glutenfreies Mehl für das Geschirrtuch
- 25 g Butter (ggf. laktosefrei), flüssig, zum Bepinseln
- ❖ *Margarine, vegan*
- Puderzucker zum Bestreuen

1. Den Strudelteig nach Anleitung herstellen und ruhen lassen, bis die Füllung zubereitet ist.
2. Die Birnen schälen, vierteln, entkernen und in Scheibchen schneiden. Mit Zucker und Zimt mischen, beiseitestellen. Marzipan grob raspeln.
3. Semmelbrösel in 20 g Butter goldgelb rösten und auskühlen lassen.
4. Ein sauberes Geschirrtuch ausbreiten und dünn mit glutenfreiem Mehl bestäuben. Den Strudelteig mit einem Nudelholz auf dem Geschirrtuch dünn zu einem großen Rechteck ausrollen.
5. Den Teig mit 80 g flüssiger Butter bepinseln und die Semmelbröselmasse darauf verteilen. Birnenstücke ohne Flüssigkeit, Marzipan und Mandelblättchen auf den Teig geben, dabei 2–3 cm ringsum frei lassen.
6. Nun den Teig aufrollen. Die Ränder links und rechts mithilfe des Geschirrtuchs einklappen. Den gefüllten Teig mithilfe des Geschirrtuchs von der Längsseite her vorsichtig aufrollen und auf ein mit Backpapier ausgelegtes Backblech legen.
7. Den Strudel mit flüssiger Butter bestreichen. Im vorgeheizten Backofen bei 180° C (Ober- und Unterhitze, auf mittlerer Schiene) 40–45 Minuten backen. Nach der halben Backzeit nochmals mit Butter bepinseln.
8. Den Strudel aus dem Ofen nehmen, etwas abkühlen lassen und mit Puderzucker bestäuben.

WEIHNACHTS-BÄCKEREI

IGEL-PLÄTZCHEN

DIE MÜRBEN PLÄTZCHEN LASSEN SICH ZU TOLLEN HINGUCKERN VERZIEREN UND VOLLENDEN JEDEN WEIHNACHTSPLÄTZCHENTELLER.

1. Mehl, Mandeln, Puderzucker, Vanillezucker, Xanthan, Flohsamenschalenpulver und Salz in eine Rührschüssel geben und mischen. Butter und Eier zugeben und einen glatten Teig herstellen. Ist er zu weich, um Teiglinge formen zu können, den Teig in Frischhaltefolie wickeln und für 60 Minuten in den Kühlschrank legen. Lässt sich der Teig gut verarbeiten, gleich mit dem nächsten Schritt fortfahren.
2. Den Teig in vier Stücke teilen und jedes Teigstück zu einer Rolle formen, Teig und Hände bemehlen. Von jeder Teigrolle etwa walnussgroße Teigstücke abschneiden. Jedes Teigstück zu einer Kugel formen und dann an einer Seite länglich auslaufen lassen, sodass die Teiglinge wie große Tropfen aussehen. Die Teiglinge auf mit Backpapier ausgelegte Backbleche legen, sie gehen beim Backen nicht sehr auf, so muss kein großer Abstand eingehalten werden. Die Teiglinge für ca. 2 Stunden kühl stellen, auch wenn der Teig bereits eine Kühlzeit von einer Stunde hatte. Hierzu mit einem Geschirrtuch abdecken und an einen kühlen Ort stellen.
3. Die Plätzchen bei 180° C (Ober- und Unterhitze, auf mittlerer Schiene) in 12–14 Minuten hell backen. Die Kekse sind direkt aus dem Ofen SEHR weich, deshalb die Plätzchen mitsamt dem Backpapier vorsichtig auf eine Arbeitsfläche ziehen und auskühlen lassen.
4. Zartbitter- und Vollmilchkuvertüre im Wasserbad schmelzen. Etwa zwei Drittel der Plätzchen-Oberfläche an der dicken Seite mit Kuvertüre bepinseln und sogleich in die Zartbitterstreusel tauchen. Schoko-Augen und -Nase der Igel mithilfe eines Holzstäbchens anbringen. Die gut getrockneten Plätzchen in eine Keksdose geben.

Foto links

Für ca. 110 Plätzchen, je nach Größe = 2 Backbleche

Für den Teig:

- 285 g glutenfreie Mehlmischung, hell
- 140 g Mandeln, gemahlen
- 125 g Puderzucker
- 1 P. Vanillezucker
- 1 gestr. TL Xanthan
- ½ TL Flohsamenschalenpulver
- 1 Prise Salz
- 250 g Butter (ggf. laktosefrei), kalt
- ❖ *Margarine, vegan*
- 2 Eier (Gr. M)

Zur Dekoration:

- ca. 100 g Zartbitterkuvertüre
- ca. 100 g Vollmilchkuvertüre
- ❖ *Kuvertüre, vegan*
- ca. 200 g Zartbitter-Schokostreusel
- ❖ *Schokostreusel, vegan*
- 1 Holzstäbchen

BUTTERPLÄTZCHEN

DER FORMSTABILE GRUNDTEIG EIGNET SICH IDEAL FÜR AUSSTECHPLÄTZCHEN. PROBIEREN SIE AUCH TERRASSENPLÄTZCHEN UND PLÄTZCHEN MIT MARMELADENFÜLLUNG AUS DIESEM TEIG!

Für ca. 100 Plätzchen, je nach Größe

Für den Teig:

- 375 g glutenfreie Mehlmischung, hell
- 125 g Puderzucker
- 1 P. Vanillezucker
- ½ P. Backpulver
- 1 TL Flohsamenschalenpulver
- 1 gestr. TL Xanthan
- 1 Prise Salz
- 250 g Butter (ggf. laktosefrei), weich
- ❖ *225 g Margarine, vegan*
- 2 Eigelb

Zur Dekoration:

- Zuckerguss aus 150 g Puderzucker und 3 EL Zitronensaft
- bunte Zuckerstreusel
- ❖ *auf Milchbestandteile achten*

1. Alle trockenen Zutaten für den Teig in eine Schüssel geben und mischen. Die restlichen Zutaten für den Teig zugeben und einen glatten Teig herstellen. In Frischhaltefolie wickeln und 3–4 Stunden oder über Nacht kühlen.
2. Den Teig ca. 20 Minuten vor dem Verarbeiten aus dem Kühlschrank nehmen. Direkt aus dem Kühlschrank ist der Teig zu fest, um ihn verarbeiten zu können.
3. Eine Arbeitsfläche bemehlen. Den Teig in vier Stücke schneiden und jedes Teigstück zuerst nochmals durchkneten und dann auf der bemehlten Arbeitsfläche mit einem Nudelholz dünn ausrollen. Verschiedene Formen ausstechen und die Teiglinge mit etwas Abstand auf ein mit Backpapier ausgelegtes Backblech legen. Der Teig reicht für 4–5 Backbleche.
4. Bei 180° C (Ober- und Unterhitze, auf mittlerer Schiene) in 8–10 Minuten hell backen. Die Plätzchen sind direkt aus dem Ofen SEHR weich! Deshalb die Plätzchen mitsamt dem Backpapier vorsichtig auf eine Arbeitsfläche ziehen und komplett auskühlen lassen.
5. Aus Puderzucker und Zitronensaft einen Zuckerguss anrühren. Die Kekse damit überziehen und sofort mit bunten Zuckerperlen bestreuen. Die Plätzchen in eine Keksdose geben.

Tipp: *Damit die Plätzchen schön mürbe werden, für 2 bis 3 Tage einen halben Apfel mit in die Keksdose legen. Den Apfel anschließend wieder entfernen.*

GEWÜRZSCHNITTEN

WER ZUR WEIHNACHTSZEIT GERNE WEICHEN UND FLAUMIGEN KUCHEN MÖCHTE, IST BEI DIESEM REZEPT GENAU RICHTIG.

Für 1 Backblech (ca. 30 x 40 cm) = 24 Stück

Für den Teig:
- 200 g Butter (ggf. laktosefrei), weich
- ❖ *Margarine, vegan*
- 50 ml Öl
- 280 g Zucker
- 2 P. Vanillezucker
- 1 Prise Salz
- 5 Eier
- 3 EL Kakaopulver, ungesüßt
- 265 g glutenfreie Mehlmischung, hell
- 1 P. Backpulver
- 4 TL Lebkuchengewürz
- 125 ml Milch (ggf. laktosefrei)
- ❖ *Mandeldrink*
- 1 EL Rum

Für den Belag:
- 300 g Puderzucker
- 4 EL Zitronensaft
- 2 EL Wasser
- Mandeln, ganz

1. Butter, Öl, Zucker, Vanillezucker, Salz und Eier schaumig rühren.
2. Alle restlichen Zutaten zugeben und alles zu einem glatten Teig verrühren.
3. Den Teig auf ein befettetes Backblech streichen und im vorgeheizten Backofen bei 180° C (Ober- und Unterhitze, auf mittlerer Schiene) ca. 20 Minuten backen. Auskühlen lassen.
4. Aus Puderzucker, Zitronensaft und Wasser einen Zuckerguss anrühren und den Kuchen damit überziehen. Sogleich mit Mandeln belegen.

KAKAO-SPITZBUBEN

VERFEINERT MIT KAKAO, SIND DIESE SPITZBUBEN EINE TOLLE ABWECHSLUNG ZU DEN BELIEBTEN KLASSIKERN.

Für ca. 75 Plätzchen, je nach Größe

Für den Teig:

- ½ TL Flohsamenschalenpulver
- 50 ml Wasser
- 330 g glutenfreie Mehlmischung, hell
- 50 g Kakaopulver, ungesüßt
- 125 g Puderzucker
- 1 P. Vanillezucker
- 1 gestr. TL Xanthan
- 1 Prise Salz
- 250 g Butter (ggf. laktosefrei), weich
- ❖ *225 g Margarine, vegan*
- 2 Eier (Gr. M)

Außerdem:

- Marmelade zum Befüllen, z. B. Erdbeer- oder Himbeermarmelade
- Puderzucker zum Bestäuben

1. Das Flohsamenschalenpulver mit 50 ml Wasser verrühren und ca. 5 Minuten quellen lassen. Die Zubereitung dieses Flohsamengels bringt eine elastische Teigkonsistenz hervor. Wird das Flohsamenschalenpulver direkt zum Mehl gemischt, lässt sich dieser positive Effekt leider nicht so gut erzielen.
2. Mehl, Kakaopulver, Puderzucker, Vanillezucker, Xanthan und Salz in eine Rührschüssel geben und mischen. Flohsamengel, Butter und Eier zugeben und einen glatten Teig herstellen. Ist er zu weich, um Plätzchen ausstehen zu können, den Teig in Frischhaltefolie wickeln und für 60 Minuten in den Kühlschrank legen. Ist der Teig jedoch gut, um ihn verarbeiten zu können, dann gleich mit dem nächsten Schritt fortfahren.
3. Den Teig auf einer bemehlten Arbeitsfläche ca. 3 mm dünn ausrollen. Je zur Hälfte Teigkreise ohne und Teigkreise mit Sternausschnitt ausstechen. Die Teiglinge auf mit Backpapier ausgelegte Backbleche legen. Die Teiglinge für ca. 2 Stunden kühl stellen, dazu am besten mit einem Geschirrtuch abdecken und an einen kühlen Ort geben. So kühlen sie optimal durch und verlaufen beim Backen nicht auf dem Blech. Nach der Kühlzeit können die Plätzchen rasch und ohne großen Aufwand nacheinander gebacken werden.
4. Die Plätzchen bei 180° C (Ober- und Unterhitze, auf mittlerer Schiene) in 10–11 Minuten backen. Die Kekse sind direkt aus dem Ofen SEHR weich, deshalb die Plätzchen mitsamt dem Backpapier vorsichtig auf eine Arbeitsfläche ziehen und auskühlen lassen.
5. Auf jedes Plätzchen ohne Sternausschnitt einen Klecks Marmelade geben und ein Plätzchen mit Sternausschnitt „aufkleben". Die Plätzchen mit Puderzucker bestäuben und in eine Keksdose geben.

***Tipp:** Für 2 bis 3 Tage einen halben Apfel mit in die Keksdose legen, dann werden die Plätzchen schön mürbe!*

HASELNUSSBUTTERGEBÄCK

MÜRBE, ZART UND MIT UNWIDERSTEHLICHEM HASELNUSSAROMA IST JEDES PLÄTZCHEN EINE VERSUCHUNG.

Für ca. 100 Plätzchen, ca. 4–5 Backbleche

Für den Teig:

- 200 g glutenfreie Mehlmischung, hell
- 200 g Haselnüsse, gemahlen
- 125 g Puderzucker
- 1 gestr. TL Xanthan
- ½ P. Backpulver
- 1 Prise Salz
- 250 g Butter (ggf. laktosefrei)
- ❖ *Margarine, vegan*
- 2 Eigelb

Zur Dekoration:

- Schokoglasur, Vollmilch oder Zartbitter (ggf. laktosefrei)
- ❖ *Kuvertüre, vegan*
- Haselnüsse, gehackt und geröstet

1. Alle trockenen Zutaten für den Teig in eine Schüssel geben und mischen. Butter und Eigelb ebenfalls zugeben und einen glatten Teig herstellen. Den Teig ca. 3–4 Stunden oder über Nacht kühlen.
2. Den Teig ca. 20 Minuten vor dem Verarbeiten aus dem Kühlschrank nehmen.
3. Eine Arbeitsfläche bemehlen. Den Teig in vier Teile schneiden und jedes Teigstück zuerst nochmals durchkneten und dann auf der Arbeitsfläche mit einem Nudelholz dünn ausrollen. Verschiedene Formen ausstechen und die Teiglinge mit etwas Abstand auf ein mit Backpapier ausgelegtes Backblech legen.
4. Bei 180° C (Ober- und Unterhitze, auf mittlerer Schiene) ca. 8–10 Minuten hell backen. Die Kekse sind direkt aus dem Ofen SEHR weich! Deshalb die Plätzchen mitsamt dem Backpapier vorsichtig auf eine Arbeitsfläche ziehen und komplett auskühlen lassen.
5. Die Schokoglasur im Wasserbad schmelzen und die Plätzchen damit besprenkeln. Sofort mit gehackten Haselnüssen bestreuen. Die Plätzchen in eine Keksdose geben.

SCHOKOLADENBRÖTCHEN

DIESES REZEPT IST EINES DER BELIEBTESTEN PLÄTZCHENREZEPTE AUF MEINEM BLOG. OPTISCH ÄHNELN DIE PLÄTZCHEN KLEINEN BRÖTCHEN UND GESCHMACKLICH SIND SIE TRAUMHAFT SCHOKOLADIG UND SAFTIG ZUGLEICH!

Für ca. 35 Stück

Für den Teig:

- 100 g Zartbitterschokolade
- ❖ *auf Milchbestandteile achten*
- 50 g Butter (ggf. laktosefrei)
- ❖ *Margarine, vegan*
- 60 g Puderzucker
- 50 g glutenfreie Mehlmischung, hell
- 50 g Mandeln, gemahlen
- 1 EL Kakaopulver, ungesüßt
- 1,5 TL Flohsamenschalenpulver
- 1 TL Zimt
- ¼ TL Backpulver
- 1 Ei
- 1 Eigelb
- Puderzucker zum Wälzen

1. Schokolade und Butter in einem Topf schmelzen.
2. Alle trockenen Zutaten in eine Rührschüssel geben und mischen. Die restlichen Zutaten, auch die Schoko-Butter-Mischung, zugeben und mit dem Rührgerät zu einer glatten Masse verrühren. Den Teig für mindestens 2 Stunden in den Kühlschrank stellen. Der Teig ist sehr weich, zieht aber während der Ruhezeit nach und lässt sich dann schön formen!
3. Mit einem Teelöffel etwa walnussgroße Stücke vom Teig abnehmen und zu Kugeln formen. Die Teigkugeln in Puderzucker wälzen und mit etwas Abstand auf ein mit Backpapier ausgelegtes Backblech legen. Im vorgeheizten Backofen bei 175° C (Ober- und Unterhitze, auf mittlerer Schiene) ca. 12–14 Minuten backen. Aus dem Ofen nehmen und auf dem Backpapier auskühlen lassen. In eine Keksdose geben.

__Tipp:__ Besonders gut schmecken die Schokoladenbrötchen nach 4 bis 5 Tagen, sie ziehen während dieser Zeit schön durch.

HUSARENKRAPFERL

DIESE KLASSIKER, GEFÜLLT MIT MARMELADE, DÜRFEN AUF KEINEM PLÄTZCHENTELLER FEHLEN!

Für ca. 80 Stück

- 200 g Butter (ggf. laktosefrei), weich
- ❖ *Margarine, vegan*
- 100 g Puderzucker
- 1 Vanilleschote (Mark)
- 2 Eigelb
- 250 g glutenfreie Mehlmischung, hell
- 100 g Haselnüsse, gemahlen
- 1 TL Flohsamenschalenpulver
- ½ TL Xanthan
- 1 Prise Salz
- Johannisbeerkonfitüre zum Befüllen
- Puderzucker zum Bestäuben

1. Butter, Puderzucker, Vanillemark und Eigelb gut verrühren, aber nicht schaumig schlagen.
2. Mehl, Haselnüsse, Flohsamenschalenpulver, Xanthan und Salz mischen und unterkneten.
3. Den Teig in Frischhaltefolie packen und ca. 3 Stunden, am besten aber über Nacht, in den Kühlschrank legen.
4. Den Teig auf einer bemehlten Arbeitsfläche durchkneten und zu einer ca. 2 cm dicken Rolle formen. Von dieser Teigrolle kleine Portionen abnehmen, rund formen und mit dem Kochlöffelstiel eine Vertiefung in den Teig drücken.
5. Die Teiglinge mit der Mulde nach oben auf ein mit Backpapier ausgelegtes Backblech legen.
6. Im vorgeheizten Backofen bei 200° C (Ober- und Unterhitze, auf mittlerer Schiene) 12–14 Minuten backen. Die Plätzchen mitsamt dem Backpapier vom Blech ziehen und komplett auskühlen lassen. Direkt aus dem Ofen sind die Plätzchen SEHR weich!
7. Die Vertiefungen mit Johannisbeerkonfitüre füllen, die Plätzchen mit Puderzucker bestäuben und in eine Keksdose geben.

***Tipp:** Anstatt der Haselnüsse können auch gemahlene Mandeln oder Erdmandelflocken verwendet werden!*

KOKOSMAKRONEN

VERFEINERT MIT QUARK IST DIE TEXTUR DER KOKOSMAKRONEN TRAUMHAFT SAFTIG UND WEICH ZUGLEICH!

Für ca. 40 Stück

- 4 Eiweiß
- 125 g Puderzucker
- 2 P. Vanillezucker
- 1 Prise Salz
- 200 g Kokosraspel
- 50 g Magerquark (ggf. laktosefrei)
- ❖ *40 g Quarkersatz auf Sojabasis*
- ca. 40 Oblaten 50 mm ø, glutenfrei

1. Das Eiweiß mit dem Handrührgerät aufschlagen. Puderzucker, Vanillezucker und Salz unter Rühren einstreuen und zu einer sehr festen und steifen Eischneemasse schlagen.
2. Kokosraspel und Quark vorsichtig unter die Eischneemasse ziehen, bis alles gleichmäßig verteilt ist.
3. Zwei Backbleche mit glutenfreien Oblaten bestücken. Mit zwei Teelöffeln Teighäufchen auf je eine Oblate setzen. Die Bleche nacheinander in den vorgeheizten Backofen bei 175° C (Umluft) geben und die Kokosmakronen in ca. 12–15 Minuten hell backen.
4. Auskühlen lassen und in eine Keksdose geben.

OBLATENLEBKUCHEN

DIE LEBKUCHEN WERDEN OHNE GLUTENFREIES MEHL ZUBEREITET. DIE VIELEN GESCHMACKSZUTATEN SORGEN FÜR UNWIDERSTEHLICHEN, TYPISCHEN LEBKUCHENGENUSS!

Für ca. 28 Stück

- 250 g Haselnüsse, gemahlen
- 350 g Rohrohrzucker
- 60 g Orangeat, fein gemahlen
- 60 g Zitronat, fein gemahlen
- 15 g Lebkuchengewürz
- ½ EL Zimt
- 1 Msp. Hirschhornsalz
- ½ TL Zitronenabrieb
- 5 Eier (Gr. M)
- Oblaten 70 mm ø, glutenfrei
- bei Bedarf: Semmelbrösel, glutenfrei

❖ *auf Milchbestandteile achten*

Zum Bestreichen:

- 100 g Kuvertüre, dunkel

❖ *auf Milchbestandteile achten*

ODER Zuckerguss aus 200 g Puderzucker und 3–4 EL Zitronensaft

1. Haselnüsse, Rohrohrzucker, Orangeat, Zitronat, Lebkuchengewürz, Zimt, Hirschhornsalz und Zitronenabrieb in eine Schüssel geben und mischen.
2. Die Eier zugeben und alles zu einer glatten Masse verrühren.
3. Nun einen Probelebkuchen backen! Lebkuchenteig auf eine Oblate geben und im vorgeheizten Backofen bei 190° C (Ober- und Unterhitze, auf mittlerer Schiene) ca. 20–25 Minuten backen. Ist der Teig zu weich und verläuft sehr auf dem Blech, 2–3 EL glutenfreie Semmelbrösel unter den Teig rühren und diesen ca. 30 Minuten quellen lassen. Dann nochmals einen Probelebkuchen backen und den Teig bei Bedarf mit glf. Semmelbröseln regulieren.
4. Lebkuchenteig auf die Oblaten geben, hierzu eignet sich ein Eisportionierer sehr gut. Den Eisportionierer jeweils mit Lebkuchenteig befüllen, glatt streichen und den Teig auf eine Oblate geben. Nun mit einem Messer den Teig gleichmäßig, ringsum „aufspachteln“. Mit etwas Abstand auf mit Backpapier ausgelegte Backbleche legen.
5. Je ein Blech im vorgeheizten Backofen bei 190° C (Ober- und Unterhitze, auf mittlerer Schiene) ca. 25 Minuten backen. Nach 20 Minuten stets kontrollieren, damit die Lebkuchen nicht zu dunkel werden! Aus dem Ofen nehmen und auskühlen lassen.
6. Die Lebkuchen nach Wunsch mit geschmolzener Kuvertüre oder Zuckerguss bepinseln, vollständig trocknen lassen und in eine Keksdose geben.

Tipp: *Im Handel sind spezielle Lebkuchenglocken erhältlich. Damit lässt sich der Teig schön gleichmäßig auf die Oblaten portionieren.*

LEBKUCHENROULADE MIT ORANGENCREME

DIE KOMBINATION AUS LEBKUCHENBISKUIT UND ZARTER CREME MIT FRUCHTIGEN ORANGENSTÜCKEN IST EINE BESONDERE LECKEREI FÜR DIE WEIHNACHTLICHE KAFFEETAFEL!

1. Den Biskuit herstellen. Das Eiweiß mit der Hälfte des Puderzuckers fest aufschlagen. Eidotter mit dem restlichen Puderzucker und dem Vanillezucker schaumig rühren. Mehl, Kakao, Lebkuchengewürz und Backpulver auf die Eidottermasse sieben, aber noch nicht verrühren! Steif geschlagene Eiweißmasse ebenfalls zugeben. Nun alles vorsichtig mit dem Schneebesen verrühren und auf ein mit Backpapier ausgelegtes Backblech streichen. Im vorgeheizten Backofen bei 180° C (Ober- und Unterhitze, auf mittlerer Schiene) ca. 12–15 Minuten backen.
2. Den fertigen Biskuit auf ein sauberes Geschirrtuch stürzen, Backpapier abziehen und sofort mitsamt dem Geschirrtuch aufrollen. Auskühlen lassen.
3. Die Orangen filetieren. Zur Dekoration einige Orangenspalten zurückbehalten. Die restlichen Orangenspalten klein schneiden und in einem Sieb abtropfen lassen.
4. Für die Füllung die Sahne steif schlagen. Frischkäse und Puderzucker mit dem Kochlöffel verrühren und die Sahne unterheben.
5. Den Biskuit vorsichtig auseinanderrollen und mit der Creme bestreichen. Die Orangenstücke gleichmäßig darauf verteilen.
6. Biskuit vorsichtig aufrollen und auf eine Kuchenplatte legen. Mit Puderzucker bestäuben und mit Sahnetuffs und Orangenspalten dekorieren.

Für 1 Roulade = 12 Stück

Für den Biskuit:

- 5 Eier, getrennt
- 100 g Puderzucker
- 1 P. Vanillezucker
- 110 g glutenfreie Mehlmischung, hell
- 20 g Kakaopulver, ungesüßt
- 1,5 TL Lebkuchengewürz
- ½ P. Backpulver

Für die Füllung:

- 2 Orangen
- 200ml Sahne (ggf. laktosefrei)
- ❖ *Sahneersatz auf Reisbasis, aufschlagbar*
- 250 g Frischkäse (ggf. laktosefrei)
- ❖ *Schmandersatz auf Sojabasis*
- 75 g Puderzucker

Zur Dekoration:

- Schlagsahne (ggf. laktosefrei)
- ❖ *Sahneersatz auf Reisbasis, aufschlagbar*
- Puderzucker zum Bestäuben

NOUGAT-TALER

DIE MÜRBEN PLÄTZCHEN, GEFÜLLT MIT FEINER NOUGATMASSE, LASSEN DIE HERZEN DER PLÄTZCHENLIEBHABER HÖHERSCHLAGEN.

Für ca. 50 Stück

- 60 g Haselnüsse, gemahlen
- 110 g Butter (ggf. laktosefrei)
- ❖ *Margarine, vegan*
- 50 g Puderzucker
- 1 P. Vanillezucker
- 2 Eigelb
- 1 Prise Zimt
- 100 g glutenfreie Mehlmischung, hell
- 20 g Kakaopulver, ungesüßt
- ½ TL Backpulver

Außerdem:

- etwas Nuss-Nougat-Creme (ggf. laktosefrei), glutenfrei
- ❖ *Schokocreme, vegan*
- 150 g Kuvertüre, dunkel
- ❖ *Kuvertüre, dunkel, vegan*

1. Die Haselnüsse in einer Pfanne ohne Fett unter ständigem Rühren rösten. Abkühlen lassen.
2. Butter, Puderzucker, Vanillezucker und Eigelb mit dem Handrührgerät cremig rühren.
3. Zimt, Mehl, Kakao, Backpulver und Haselnüsse unterrühren.
4. Den Teig in einen Spritzbeutel mit Lochtülle füllen und kleine, flache Häufchen auf ein mit Backpapier ausgelegtes Backblech spritzen. Dabei jeweils etwas Abstand lassen.
5. Im vorgeheizten Backofen bei 180° C (Ober- und Unterhitze, auf mittlerer Schiene) ca. 8–10 Minuten backen. Auskühlen lassen.
6. Jeweils zwei Taler mit etwas Nuss-Nougat-Creme zusammenkleben.
7. Kuvertüre erwärmen und die Kekse je zur Hälfte eintauchen. Auskühlen lassen und in eine Keksdose geben.

PANETTONE MIT SCHOKOSTÜCKCHEN

DER HERRLICH WEICHE ITALIENISCHE WEIHNACHTSKUCHEN AUS HEFETEIG – ENDLICH SELBST GEMACHT!

1. Die Hefe, egal ob Trocken- oder Frischhefe, im lauwarmen Wasser auflösen.
2. Alle trockenen Zutaten in eine Rührschüssel geben und mischen. Butter und Eier zugeben und alles zu einem glatten Teig verrühren.
3. Den Teig in eine befettete und bemehlte Panettone-Form einfüllen und an einem warmen Ort ca. 50 Minuten ruhen lassen.
4. Im vorgeheizten Backofen bei 170° C (Ober- und Unterhitze, auf mittlerer Schiene) ca. 50 Minuten backen.

Tipp: *Die Schokolade kann, je nach Geschmack, durch Rosinen oder kandierte Früchte ersetzt werden.*

Für 1 Stück (18 cm Ø)

- 1 P. Trockenhefe ODER ½ Würfel Frischhefe
- 130 ml Wasser, lauwarm
- 300 g glutenfreie Mehlmischung, hell
- 150 g Zucker
- 80 g Schokodrops (ggf. laktosefrei)

❖ *Schokodrops, vegan*

- 1 P. Vanillezucker
- 1 gestrichener TL Xanthan
- 80 g Butter (ggf. laktosefrei), flüssig

❖ *Margarine, vegan*

- 3 Eier

- Fett und glutenfreies Mehl für die Form

SPRITZGEBÄCK

STELLEN SIE BUCHSTABEN NACH WUNSCH HER UND BESTREICHEN SIE DIE FERTIGEN PLÄTZCHEN JE ZUR HÄLFTE MIT DUNKLER ODER HELLER KUVERTÜRE. DIE MÜRBEN PLÄTZCHEN ERHALTEN SO EINE SCHOKOLADIGE NOTE!

Für 3 Backbleche

Für den Teig:

- 200 g glutenfreie Mehlmischung, hell
- 100 g Kartoffel- ODER Tapiokastärke
- 100 g Puderzucker
- 2 P. Vanillezucker
- 1 gestr. TL Xanthan
- 1 Prise Salz
- etwas Zitronenabrieb
- 150 g Butter (ggf. laktosefrei), flüssig

❖ *Margarine, vegan*

- 2 Eier

Zur Dekoration:

- Zartbitter- oder Vollmilchkuvertüre (ggf. laktosefrei)

❖ *Kuvertüre, vegan*

1. Mehl, Stärke, Puderzucker, Vanillezucker, Xanthan, Salz und Zitronenabrieb in eine Rührschüssel geben und mischen.
2. Butter und Eier zur Mehlmischung geben und alles zu einem glatten Teig verrühren.
3. Den Teig sofort in einen Spritzbeutel mit Sterntülle einfüllen und Formen wie „S, O, U, I" auf drei mit Backpapier ausgelegte Backbleche spritzen. Mit Geschirrtüchern abdecken und für 2 Stunden an einem kühlen Ort ruhen lassen. Bei winterlichen Temperaturen können natürlich Terrasse oder Balkon genutzt werden.
4. Die Bleche nacheinander in den vorgeheizten Backofen bei 200° C (Ober- und Unterhitze, auf mittlerer Schiene) einschieben und die Plätzchen in 12–14 Minuten hell backen. Die Plätzchen sind direkt aus dem Ofen SEHR weich, deshalb vollständig auf dem Backpapier auskühlen lassen.
5. Kuvertüre schmelzen und das Spritzgebäck damit bepinseln. Die Glasur trocknen lassen und die Plätzchen in eine Keksdose geben.

Tipp: *Bei der herkömmlichen Spritzgebäckherstellung wird der Teig zusammengerührt und für ca. 2 Stunden in den Kühlschrank gegeben. Anschließend werden mit einem Fleischwolf Teigstangen hergestellt, geformt und gebacken. Falls ein Fleischwolf zur Verfügung steht, kann gerne diese Herstellungsmethode angewandt werden.*

SCHWARZ-WEIß-GEBÄCK

PROBIEREN SIE RUHIG VERSCHIEDENE MUSTER AUS! DER TEIG LÄSST SICH EINFACH UND GELINGSICHER VERARBEITEN.

Für ca. 80 Stück

Für den Grundteig:
- 250 g Butter (ggf. laktosefrei)
- ❖ *Margarine, vegan*
- 125 g Puderzucker
- 200 g glutenfreie Mehlmischung, hell
- 1 gestr. TL Xanthan
- 1 TL Vanille, gemahlen

Für den dunklen Teig:
- 50 g Nüsse ODER Mandeln, gemahlen
- 25 g glutenfreie Mehlmischung, hell
- 25 g Kakaopulver, ungesüßt

Für den hellen Teig:
- 75 g glutenfreie Mehlmischung, hell

1. Butter und Puderzucker in eine Rührschüssel geben und schaumig schlagen. Mehl, Xanthan und Vanille mischen und nach und nach unter die Buttermasse rühren.
2. Den Teig halbieren. Unter die eine Teighälfte Nüsse, Mehl und Kakao für den dunklen Teig arbeiten. Unter die andere Teighälfte das Mehl für den hellen Teig mengen.
3. Die Teige je nach Muster formen, in Frischhaltefolie wickeln und über Nacht in den Kühlschrank legen. Sollten die Teige zu weich sein, um sie formen zu können, in Frischhaltefolie einwickeln und für 2 Stunden in den Kühlschrank legen.

   Schachbrettmuster: Den Teig ca. 8 mm dünn ausrollen und in gleich breite Streifen schneiden. Einen hellen neben einen dunklen Streifen setzen. Nun auf den dunklen Streifen einen hellen legen und daneben auf den hellen Streifen wieder einen dunklen usw.

   Schneckenmuster: Jeweils einen hellen und einen dunklen Teig ca. 4 mm dünn ausrollen, übereinanderlegen und fest aufrollen.
4. Am nächsten Tag kleine Stücke von den Teigrollen abschneiden und mit etwas Abstand auf ein mit Backpapier ausgelegtes Backblech setzen. Im vorgeheizten Backofen bei 180° C (Ober- und Unterhitze, auf mittlerer Schiene) ca. 10–12 Minuten backen. Die Plätzchen auf dem Backpapier komplett auskühlen lassen und in eine Keksdose geben.

Tipp: *Damit das Gebäck schön zart und mürbe wird, für ca. 1 bis 2 Tage einen halben Apfel mit in die Keksdose legen.*

STOLLENKONFEKT

DER KLASSIKER IM MUNDGERECHTEN FORMAT.
HERRLICH AROMATISCH!

Für ca. 50–60 Stück, ca. 2 Backbleche

Für den Teig:

- 80 g Orangeat
- 200 g Korinthen
- 60 g Mandeln, gehackt
- 35 ml Rum
- 1 Würfel Frischhefe ODER 2 P. Trockenhefe
- 200 ml Milch (ggf. laktosefrei), lauwarm
- ❖ *Mandeldrink*
- 500 g glutenfreie Mehlmischung, hell
- 100 g Rohrzucker
- 2 TL Flohsamenschalenpulver ODER 2 gestr. TL Xanthan
- 2 TL Zimt
- 200 g Butter (ggf. laktosefrei)
- ❖ *Margarine, vegan*
- 50 g Marzipan, grob geraspelt

Zum Wälzen:

- 300 g Butter (ggf. laktosefrei)
- ❖ *Margarine, vegan*
- 300 g Puderzucker

1. Orangeat klein hacken, dann mit Korinthen, Mandeln und Rum mischen und ca. 60 Minuten ziehen lassen.
2. Die Hefe, egal ob Frisch- oder Trockenhefe, in der lauwarmen Milch auflösen.
3. Alle trockenen Zutaten für den Teig in eine Rührschüssel geben und mischen. Die restlichen Zutaten zugeben, auch das marinierte Orangeat-Korinthen-Gemisch und die Hefemilch, und alles gut verkneten.
4. Eine Arbeitsfläche bemehlen, den Teig daraufgeben und mit den Händen gut kneten.
5. Den Teig teilen, jeweils zu Rollen mit ca. 5 cm Durchmesser formen und pflaumengroße Stücke abschneiden. Die Teigstücke länglich formen und auf ein mit Backpapier ausgelegtes Backblech legen. An einem warmen Ort ca. 2 Stunden ruhen lassen.
6. Im vorgeheizten Backofen bei 200° C (Ober- und Unterhitze, auf mittlerer Schiene) ca. 15 Minuten backen. Sofort mit geschmolzener Butter bepinseln und in Puderzucker wälzen. Das Stollenkonfekt in eine Blechdose geben.

HEIDESAND

SO ZART, MÜRBE UND MIT FEINEM BUTTERAROMA! DIE ELEGANTEN PLÄTZCHEN SCHMECKEN NICHT NUR ZUR WEIHNACHTSZEIT.

Für ca. 60 Stück

- 200 g Butter (ggf. laktosefrei), zimmerwarm
- ❖ *175 g Margarine, vegan*
- 80 g Marzipanrohmasse, grob geraspelt
- 65 g Puderzucker
- 2 P. Vanillezucker
- ½ TL Zitronenabrieb
- 120 g Reismehl, hell
- 120 g Kartoffelstärke
- 1,5 TL Flohsamenschalen-pulver
- 1 gestr. TL Xanthan

1. Butter, Marzipanrohmasse, Puderzucker, Vanillezucker und Zitronenabrieb verrühren.
2. Reismehl, Kartoffelstärke, Flohsamenschalenpulver und Xanthan mischen, unter die Buttermasse kneten und einen gleichmäßigen Teig herstellen. Der Teig soll weich, aber dennoch gut knetbar sein. Ist der Teig zu weich, um ihn formen zu können, am besten für ca. 60 Minuten in den Kühlschrank geben und dann weiterverarbeiten. Den Teig teilen und jedes Teigstück zu einer Rolle mit ca. 4 cm Durchmesser formen. Die Teigrollen in Frischhaltefolie einpacken und über Nacht in den Kühlschrank legen.
3. Am nächsten Tag den Backofen auf 185° C (Ober- und Unterhitze) vorheizen. Von der ersten Teigrolle 5 mm dicke Scheiben abschneiden, auf ein mit Backpapier ausgelegtes Backblech legen und in 10–12 Minuten hell backen. Die Plätzchen sind direkt aus dem Ofen SEHR weich. Deshalb die Plätzchen mitsamt dem Backpapier vorsichtig auf eine Arbeitsfläche ziehen und komplett auskühlen lassen. Mit der zweiten Teigrolle ebenso verfahren.
4. Die ausgekühlten Plätzchen in eine Keksdose geben.

Tipp: *Wer möchte, kann Heidesand mit Zucker ummantelt herstellen. Hierzu die Teigrollen aus dem Kühlschrank nehmen, mit Eigelb bepinseln und in Zucker (grob oder fein) wälzen. Teigscheiben abschneiden und nach Rezept verfahren.*

BRÖTCHEN & STANGEN

KNUSPERSTANGEN

FRISCH AUS DEM OFEN SIND DIE STANGEN SO WUNDERBAR KNUSPRIG UND UNWIDERSTEHLICH SCHMACKHAFT! ICH MAG SIE BESONDERS MIT KRÄUTERQUARK.

1. Den Teig herstellen. Die Hefe, egal ob Frisch- oder Trockenhefe, im lauwarmen Wasser auflösen. Reismehl, Stärke, Kastanienmehl, Flohsamenschalenpulver, Backpulver, Zucker, Salz und Xanthan in eine Rührschüssel geben und mischen. Hefewasser, Joghurt, Öl und Essig zum Mehlgemisch geben, alles verrühren und mit einem Geschirrtuch zugedeckt bei Zimmertemperatur 20 Minuten ruhen lassen.
2. Unterdessen Schinken und Zwiebel in einer Pfanne in etwas Öl glasig dünsten. Auskühlen lassen.
3. Anschließend den Teig durchkneten, in zwei Stücke teilen und jedes Teigstück auf einer bemehlten Arbeitsfläche 5 mm dünn zu einem Rechteck ausrollen.
4. Die Schinken-Zwiebel-Mischung auf einer Teigplatte verteilen und die halbe Käsemenge darüberstreuen. Nun die zweite Teigplatte darauflegen und etwas andrücken. Mit dem verquirlten Ei bepinseln. Üppig mit Sesam, Leinsamen, Mohn und Kümmel (nach Geschmack) bestreuen.
5. Mit einem Pizzaschneider ca. 12 Teigstreifen zuschneiden. Die Teigstreifen vorsichtig mehrmals spiralförmig eindrehen und auf ein mit Backpapier ausgelegtes Backblech legen. Falls der Strang reißt, ist dies kein Problem, die Teigstücke einfach wieder aneinandersetzen. Mit dem restlichen Käse bestreuen.
6. Das Blech in den KALTEN Backofen auf mittlerer Schiene einschieben. Die Temperatur auf 220° C (Ober- und Unterhitze) einstellen und die Teiglinge 30–35 Minuten backen, je nachdem wie knusprig die Stangen werden sollen.

***Tipp:** Am nächsten Tag die Stangen im Ofen aufbacken, dann sind sie wieder knusprig.*

Foto links

Für 12 Stangen

Für den Teig:

- ½ Würfel Frischhefe ODER 1 P. Trockenhefe
- 250 ml Wasser, lauwarm
- 165 g Reismehl, hell
- 165 g Kartoffel- ODER Tapiokastärke
- 30 g Kastanienmehl
- 1 EL Flohsamenschalenpulver
- 2 TL Backpulver
- 1 TL Zucker
- 1,5 TL Salz
- ½ TL Xanthan
- 100 g Naturjoghurt (ggf. laktosefrei)
- ❖ *Joghurtersatz auf Sojabasis*
- 1,5 EL Öl
- 1 TL Essig
- Reismehl für die Arbeitsfläche

Außerdem:

- 150 g Emmentaler, gerieben
- ❖ *Käsealternative, vegan, gerieben*
- 100 g magerer Rohschinken, sehr klein gewürfelt
- 1 mittelgroße Zwiebel, klein gewürfelt
- etwas Öl
- 1 kleines Ei, verquirlt
- Saaten: Mohn, Leinsamen, Sesam
- nach Geschmack: Kümmel

FLOCKENBRÖTCHEN

SAFTIG UND SEHR GUT SÄTTIGEND! NACH VERTRÄGLICHKEIT KÖNNEN DIE GLUTENFREIEN HAFERFLOCKEN DURCH BUCHWEIZENFLOCKEN ERSETZT WERDEN!

Für 6 Stück

- ½ Würfel Frischhefe ODER 1 P. Trockenhefe
- 200 ml Wasser, lauwarm
- 100 g Kartoffelstärke
- 60 g Reismehl, hell
- 20 g Tapiokastärke
- 75 g glutenfreie Haferflocken
- 3 TL Flohsamenschalenpulver
- 1 gestr. TL Xanthan
- 1 TL Salz
- ½ TL Zucker
- 50 g Naturjoghurt (ggf. laktosefrei)

❖ *Joghurtersatz auf Kokosbasis*

- 2 EL Öl
- 1 EL Essig

Außerdem:

- Reismehl für die Arbeitsfläche
- glutenfreie Haferflocken zum Wälzen

1. Die Hefe, egal ob Frisch- oder Trockenhefe, im lauwarmen Wasser auflösen.
2. Alle trockenen Zutaten für den Teig in eine Rührschüssel geben und mischen. Hefewasser, Joghurt, Öl und Essig zugeben und alles einige Minuten zu einem glatten Teig verkneten. Hierzu ist eine Küchenmaschine oder ein Handrührgerät mit Knethaken sehr hilfreich. Dann den Teig in der Rührschüssel belassen, mit einem Geschirrtuch abdecken und bei Zimmertemperatur 15 Minuten aufgehen lassen.
3. Anschließend den Teig nochmals (mit dem Gerät) gut durchkneten. Den Teig auf eine bemehlte Arbeitsfläche geben, Teig und Hände bemehlen und den Teig in 6 Stücke teilen. Jedes Teigstück rund formen und in glutenfreien Haferflocken wälzen.
   Nicht zu viel Reismehl zum Formen verwenden, dann haften die glutenfreien Haferflocken besser am Teig! Teiglinge auf ein mit Backpapier ausgelegtes Backblech legen und ca. 40 Minuten an einem warmen Ort aufgehen lassen.
4. Den Backofen auf 240° C (Umluft) vorheizen und ein Backblech auf den Backofenboden stellen.
5. Die Teiglinge auf mittlerer Schiene einschieben und 5 Minuten backen. Gleich zu Beginn 100 ml Wasser in das Backblech auf den Backofenboden gießen. ***Achtung: Backofentür rasch schließen, es entwickelt sich ein Dampfstoß!*** Dann die Temperatur auf 190° C (Umluft) reduzieren und die Brötchen weitere 20–22 Minuten backen.
6. Fertige Brötchen aus dem Ofen nehmen und auf einem Kuchengitter auskühlen lassen.

HIRSEBRÖTCHEN HEFEFREI

GANZ OHNE HEFE KOMMEN DIE GOLDGELBEN HIRSEBRÖTCHEN AUS. UND SIE SIND RASCH ZUBEREITET!

Für 8 Stück

- 250 g Magerquark (ggf. laktosefrei)
- ❖ *225 g Quarkersatz auf Sojabasis*
- 1 Ei
- 30 g Öl
- 50 g Milch (ggf. laktosefrei)
- ❖ *Hirsedrink*
- 100 g Goldhirsevollkornmehl
- 75 g Kartoffelstärke
- 75 g Reismehl, hell
- 1 P. Backpulver
- 2 TL Flohsamenschalenpulver
- 1 TL Salz

1. Magerquark, Ei, Öl und Milch verrühren.
2. Alle restlichen Zutaten mischen und unter die Quarkmasse rühren. Den Teig 15 Minuten bei Zimmertemperatur ruhen lassen.
3. Ein Backblech mit Backpapier auslegen. Den Teig durchrühren, er soll nicht zu weich sein, sonst läuft der Teig beim Backen zu sehr auseinander. Bei Bedarf den Teig mit 1–2 EL Reismehl regulieren.
4. Mit einem Esslöffel 8 Teighäufchen auf das Backblech setzen, hierzu den Löffel stets mit Wasser benetzen.
5. Im vorgeheizten Backofen bei 180° C (Ober- und Unterhitze, auf mittlerer Schiene) 25–30 Minuten hellgelb backen. Die Brötchen auf einem Kuchengitter auskühlen lassen.

BAGUETTE

DER FRANZÖSISCHE KLASSIKER IN GLUTENFREIER FORM! DIE HERSTELLUNG IST KINDERLEICHT UND DAS BACKERGEBNIS EINFACH KÖSTLICH.

Für 2 Stück

- ½ Würfel Frischhefe ODER 1 P. Trockenhefe
- 225 ml Wasser, lauwarm
- 120 g Kartoffelstärke
- 80 g Reismehl, hell
- 30 g Tapiokastärke
- 1 P. Backpulver
- 2 TL Flohsamenschalenpulver
- 1 TL Xanthan
- 1 TL Salz
- ½ TL Rohrohrzucker
- 2 EL Öl
- 1 EL Essig
- etwas Reismehl für die Arbeitsfläche

1. Die Hefe, egal ob Frisch- oder Trockenhefe, im lauwarmen Wasser auflösen.
2. Alle trockenen Zutaten in eine Rührschüssel geben und mischen. Hefewasser, Öl und Essig zugeben und alles einige Minuten mit einer Küchenmaschine oder dem Handrührgerät (Knethaken) kneten. Dann den Teig in der Rührschüssel belassen, mit einem Geschirrtuch abdecken und bei Zimmertemperatur 20 Minuten aufgehen lassen.
3. Anschließend den Teig nochmals mit einem Rührgerät gut durchkneten. Den Teig auf eine bemehlte Arbeitsfläche geben, Teig und Hände bemehlen und den Teig in zwei Stücke teilen. Jedes Teigstück länglich formen und auf ein mit Backpapier ausgelegtes Backblech legen.
4. Teiglinge in den KALTEN Backofen auf mittlerer Schiene einschieben. Die Temperatur auf 225° C (Ober- und Unterhitze) einstellen und die Stangen insgesamt ca. 35 Minuten im Ofen belassen und backen.
5. Baguettes aus dem Ofen nehmen und auf einem Kuchengitter auskühlen lassen.

ROSINENBRÖTCHEN

SÜẞE HEFETEIGBRÖTCHEN MIT ROSINEN VERFEINERT. AUF WUNSCH KÖNNEN DIE BRÖTCHEN ABER AUCH OHNE ROSINEN ZUBEREITET WERDEN. WER SCHOKOBRÖTCHEN MÖCHTE, ERSETZT DIE ROSINEN DURCH BACKFESTE SCHOKOLADENDROPS!

Für 6 Stück

Für den Teig:

- ½ Würfel Frischhefe ODER 1 P. Trockenhefe
- 90 ml Milch (ggf. laktosefrei), lauwarm

❖ *Mandeldrink*

- 200 g glutenfreie Mehlmischung, hell
- 25 g Tapioka- ODER Kartoffelstärke
- 30 g Zucker
- 1 P. Vanillezucker
- ½ TL Xanthan
- ½ TL Flohsamenschalenpulver
- 1 TL Backpulver
- 65 g Naturjoghurt (ggf. laktosefrei)

❖ *Joghurtersatz auf Kokosbasis*

- 25 ml Sahne (ggf. laktosefrei)

❖ *Sahneersatz auf Mandelbasis*

- 25 g Butter (ggf. laktosefrei), flüssig

❖ *Margarine, vegan*

- 1 Ei
- 50 g Rosinen

Außerdem:

- 1 Eigelb zum Bestreichen
- 1 EL Milch (ggf. laktosefrei)

❖ *Mandeldrink*

1. Die Hefe, egal ob Frisch- oder Trockenhefe, in der lauwarmen Milch auflösen.
2. Alle trockenen Zutaten für den Teig in eine Rührschüssel geben und mischen. Die restlichen Zutaten für den Teig, auch die Hefemilch, zum Mehlgemisch geben und einen glatten Teig herstellen.
3. Den Hefeteig auf eine gut bemehlte Arbeitsfläche geben und mit bemehlten Händen kurz kneten. Den Teig in 6 Stücke teilen und jedes Teigstück zu einer Kugel formen. Auf ein mit Backpapier ausgelegtes Backblech legen und mit verquirlter Eigelb-Milch bepinseln. An einem warmen Ort ca. 45 Minuten aufgehen lassen.
4. Den Backofen auf 180° C (Ober- und Unterhitze) vorheizen und eine Fettpfanne oder ein Backblech auf den Backofenboden einschieben. Die Teiglinge in den vorgeheizten Backofen geben und 25–30 Minuten backen. Gleich zu Beginn eine Tasse Wasser in die Fettpfanne auf den Backofenboden gießen. ***Achtung Dampfstoß! Die Backofentür SOFORT wieder schließen!***
5. Die fertigen Rosinenbrötchen aus dem Backofen nehmen und auf einem Kuchengitter auskühlen lassen.

RUSTIKALE BROTSTANGEN

EINES DER BELIEBTESTEN REZEPTE AUF MEINER WEBSITE! PROBIEREN SIE DIE BROTSTANGEN AUCH MIT GESCHMACKS-ZUTATEN. RÖSTZWIEBELN UND SPECK SIND MEINE FAVORITEN!

Für 6 Stück, 1 Backblech

Für den Teig:

- ½ Würfel Frischhefe ODER 1 P. Trockenhefe
- 250 ml Wasser, lauwarm
- 165 g Reismehl, hell
- 165 g Kartoffel- ODER Tapiokastärke
- 30 g Kastanienmehl
- 1 EL Flohsamenschalenpulver
- 2 TL Backpulver
- 1,5 TL Salz
- 1 TL Zucker
- ½ TL Xanthan
- 100 g Naturjoghurt (ggf. laktosefrei)

❖ *Joghurtersatz auf Kokosbasis*

- 1,5 EL Öl
- 1 TL Essig
- Reismehl für die Arbeitsfläche

Geschmackszutaten nach Wahl:

- 2 kleine Zwiebeln, klein geschnitten und in etwas Öl geröstet
- 2 TL Kräuter der Provence
- 35 g Saaten wie Leinsamen, Mohn, Sesam
- einige getrocknete Tomaten, klein geschnitten
- 50 g Schinkenspeck, klein gewürfelt
- 1 EL Schnittlauchröllchen
- einige Oliven, abgetropft und klein geschnitten

1. Die Hefe, egal ob Frisch- oder Trockenhefe, im lauwarmen Wasser auflösen.
2. Reismehl, Stärke, Kastanienmehl, Flohsamenschalenpulver, Backpulver, Salz, Zucker und Xanthan in eine Rührschüssel geben und mischen.
3. Hefewasser, Joghurt, Öl und Essig zum Mehlgemisch geben und alles 15 Minuten mithilfe einer Küchenmaschine kneten.
4. Geschmackszutaten nach Wunsch zugeben und unterkneten. (Natürlich können die Stangen auch ohne diese zusätzlichen Geschmackszutaten hergestellt werden.)
5. Den Teig auf eine sehr gut bemehlte Arbeitsfläche geben. Den Teig bemehlen, auch die Hände, und den Teig in 6 Stücke teilen. Jedes Teigstück zu einem langen Strang formen, dabei mehrmals verdrehen. Falls der Strang reißt, die Teigstücke einfach wieder aneinandersetzen. Umso unförmiger die Teigstränge aussehen, desto schöner sehen die fertigen rustikalen Brotstangen aus! Die Teigstränge auf ein mit Backpapier ausgelegtes Backblech legen.
6. Das Backblech in den KALTEN Backofen auf mittlerer Schiene einschieben. Die Temperatur auf 220° C (Ober- und Unterhitze) einstellen und die Brotstangen insgesamt 35–40 Minuten im Ofen belassen und backen, je nachdem wie knusprig die Stangen werden sollen.

Tipp: *Am nächsten Tag die Brotstangen im Backofen aufbacken, dann sind sie wieder köstlich knusprig.*

TOASTIES

DAS TOLLE AROMA ERHALTEN DIE TOASTIES DURCH DAS VORBACKEN IN DER PFANNE! DIE BESONDERE BRÖTCHENVARIATION MIT MAISMEHL.

Für 8–9 Stück

- 20 g Frischhefe ODER 1 P. Trockenhefe
- 180 ml Milch (ggf. laktosefrei), lauwarm
- ❖ *Milchersatz, vegan*
- 250 g glutenfreie Mehlmischung, hell
- 1 EL Butter (ggf. laktosefrei), weich
- ❖ *Margarine, vegan*
- 1 Ei
- 1 TL Zucker
- 1 gestr. TL Xanthan
- ½ TL Salz
- etwas Maismehl zum Bestreuen

1. Die Hefe, egal ob Frisch- oder Trockenhefe, in der lauwarmen Milch auflösen.
2. Alle Zutaten, bis auf das Maismehl, in eine Rührschüssel geben und zu einem glatten Teig kneten.
3. Den Teig auf eine mit Maismehl bestreute Arbeitsfläche geben und mit den Händen nochmals kneten.
4. Den Teig ca. 1 cm dick ausrollen und Kreise mit je 9–10 cm Durchmesser ausstechen. Hierzu eignet sich ein Glas oder eine große Tasse.
5. Die Teiglinge in Maismehl wenden und auf ein mit Backpapier ausgelegtes Backblech legen. An einen warmen Ort ca. 45 Minuten aufgehen lassen.
6. Eine beschichtete Pfanne leicht mit Öl ausstreichen und mit etwas Maismehl ausstreuen. Die Toasties auf jeder Seite 4–5 Minuten bei mittlerer Hitze backen. ***Achtung:*** Die Pfanne nicht zu heiß werden lassen, damit die Toasties nicht anbrennen. Die Teiglinge anschließend auf ein mit Backpapier ausgelegtes Backblech legen und 12–15 Minuten bei 180° C (Ober- und Unterhitze, auf mittlerer Schiene) backen.
7. Toasties auf einem Kuchengitter auskühlen lassen.

HERZHAFTE BÄCKEREI

FRÄNKISCHER ZWIEBELKUCHEN

EIN KLASSIKER BEI UNS IM SCHÖNEN FRANKEN! DER ÜPPIGE BELAG AUS ZWIEBELN, SPECK UND SAURER SAHNE BRINGT EINE AUßERGEWÖHNLICH HERZHAFTE KÖSTLICHKEIT HERVOR.

Foto links

Für 1 Backblech (ca. 30 x 40 cm) = 24 Stück

Für den Teig:

- ½ Würfel Frischhefe ODER 1 P. Trockenhefe
- 320 ml Wasser, lauwarm
- 120 g Reismehl, hell
- 100 g Teffmehl
- 80 g Kartoffel- ODER Tapiokastärke
- 1 EL Flohsamenschalenpulver
- 1,5 TL Salz
- ½ TL Zucker
- 1 gestr. TL Xanthan
- 2 EL Öl
- 1 EL Essig

Für den Belag:

- 800 g Zwiebeln
- 80 g Speck
- 400 g saure Sahne (ggf. laktosefrei)
- ❖ *Schmandersatz auf Sojabasis*
- 3 Eier
- Salz
- Pfeffer
- Kümmel, ganz

1. Die Hefe, egal ob Frisch- oder Trockenhefe, im lauwarmen Wasser auflösen.
2. Mehl- und Stärkesorten, Flohsamenschalenpulver, Salz, Zucker und Xanthan in eine Rührschüssel geben und mischen.
3. Hefewasser, Öl und Essig zum Mehlgemisch geben und alles zu einem glatten Teig verkneten.
4. Den Teig auf eine sehr gut bemehlte Arbeitsfläche geben, den Teig bemehlen und mit bemehlten Händen den Teig kurz kneten. Ein Backblech mit Backpapier auslegen und den Teig auf dem Backpapier gleichmäßig ausrollen, dabei einen nicht zu kleinen Rand hochziehen. An einem warmen Ort ca. 30 Minuten aufgehen lassen.
5. Unterdessen die Zwiebeln schälen und in feine Ringe schneiden. Speck klein würfeln. Anschließend Speck und Zwiebeln in einer Pfanne glasig dünsten. Etwas abkühlen lassen.
6. Saure Sahne und Eier verquirlen. Mit Salz, Pfeffer und Kümmel würzen.
7. Den Teig mehrmals mit einer Gabel einstechen, dann im vorgeheizten Backofen bei 175° C (Ober- und Unterhitze, auf mittlerer Schiene) 10 Minuten vorbacken.
8. Die Zwiebel-Speck-Mischung auf dem Teig verteilen und die Eier-Sahne daraufgeben. Bei 175° C (Ober- und Unterhitze, auf mittlerer Schiene) in 30–35 Minuten fertig backen. Aus dem Ofen nehmen und warm genießen!

SCHINKEN-KÄSE-MUFFINS

SAFTIG, WEICH UND HERZHAFT ZUGLEICH! IDEAL ALS SNACK FÜR UNTERWEGS.

Für 12 Stück

Für den Teig:

- 160 g Schinken, gekocht
- 2 Zwiebeln
- 180 g Emmentaler (ggf. laktosefrei), gerieben
- ❖ *Käsealternative, vegan, gerieben*
- 180 g Naturjoghurt (ggf. laktosefrei)
- ❖ *Joghurtersatz auf Sojabasis*
- 160 g glutenfreie Mehlmischung, hell
- 60 g Öl
- 2 Eier
- 1 Bund Schnittlauch
- 1 P. Backpulver
- Salz
- Pfeffer
- Paprikapulver

1. Ein Muffinblech mit Papierförmchen auskleiden.
2. Schinken und Zwiebeln klein würfeln.
3. Alle Zutaten für die Muffins in eine Schüssel geben und gut verrühren. Den Teig in die Papierförmchen einfüllen und im vorgeheizten Backofen bei 175° C (Ober- und Unterhitze, auf mittlerer Schiene) in ca. 30 Minuten goldbraun backen. Auskühlen lassen.

Tipp: *Mit einer Schüssel knackigem Salat ergeben die pikanten Muffins ein leichtes Abendessen!*

BROKKOLIQUICHE

MIT SALAT SERVIERT ERGIBT DIESER PIKANTE VEGETARISCHE KUCHEN EIN FEINES MITTAGESSEN.

Für 1 Springform (26 cm Ø) – 12 Stück

- 1 Grundrezept „Mürbeteig pikant", siehe Seite 44

Für den Belag:

- 750 g Brokkoli
- 200 g Schmand (ggf. laktosefrei)
- ❖ *Schmandersatz auf Sojabasis*
- 50 g Emmentaler (ggf. laktosefrei), gerieben
- ❖ *Käsealternative, vegan, gerieben*
- 3 Eier, verquirlt
- 1 EL Kräuter (Petersilie, Schnittlauch, Dill)
- 1 EL Speisestärke
- Salz
- Pfeffer
- Paprika

1. Mürbeteig nach Rezept herstellen, ausrollen und eine Springform damit auslegen, Rand hochziehen. Den Teig mitsamt der Springform 30 Minuten kühl stellen. Anschließend im vorgeheizten Backofen bei 220° C (Ober- und Unterhitze, auf mittlerer Schiene) 15 Minuten vorbacken.
2. Den Brokkoli in kleine Röschen teilen, waschen und in Salzwasser bissfest kochen. Brokkoli abseihen und etwas abkühlen lassen, dann auf dem vorgebackenen Teig verteilen.
3. Alle Zutaten für den Belag gut miteinander vermengen und auf den Brokkoli geben.
4. Die Quiche im vorgeheizten Backofen bei 180° C (Ober- und Unterhitze, auf mittlerer Schiene) ca. 35 Minuten backen. Aus dem Ofen nehmen und in der Form auskühlen lassen.

Tipp: *Der Belag dieser Quiche wird erst durch das Auskühlen schnittfest.*

FLAMMKUCHEN MIT CAMEMBERT UND FEIGEN

PROBIEREN SIE DIE WÜRZIG-FRUCHTIGE KOMBINATION AUS KNUSPERDÜNNEM BROTTEIG AUS, SIE IST IM NU HERGESTELLT!

Für 1 Backblech (ca. 30 x 40 cm)

Für den Teig:

- 1 TL Flohsamenschalenpulver
- 200 ml Wasser, lauwarm
- 200 g glutenfreie Mehlmischung, hell
- 3 EL Öl
- ½ TL Salz

Für den Belag:

- 150 g Schmand (ggf. laktosefrei)
- ❖ *Schmandersatz auf Sojabasis*
- 1–2 EL Milch (ggf. laktosefrei)
- ❖ *Hirsedrink*
- Pfeffer
- Salz
- 100 g Camembert (ggf. laktosefrei)
- ❖ *Käsealternative, vegan*
- 2 Feigen
- 6 Scheiben Bacon
- 1 EL Schnittlauchröllchen

1. Den Teig herstellen. Das Flohsamenschalenpulver ins lauwarme Wasser rühren und kurz (1–2 Minuten) quellen lassen. Dann alle Zutaten für den Teig in eine Schüssel geben und verkneten. Der Teig darf nicht zu fest sein, bei Bedarf mit etwas Wasser regulieren. Den Teig in Frischhaltefolie wickeln und in den Kühlschrank legen, bis alle Zutaten für den Belag vorbereitet sind.

2. Schmand, Milch, Pfeffer und Salz glatt rühren und beiseitestellen. Camembert und Feigen in dünne Scheiben schneiden. Speck in einer Pfanne kurz, jedoch nicht zu dunkel braten!

3. Den Teig auf einer bemehlten Arbeitsfläche dünn ausrollen, etwa auf Backblechgröße. Anschließend den Teig auf ein mit Backpapier ausgelegtes Backblech legen. Mit der Schmandcreme bestreichen und mit Camembert, Feigen und Bacon belegen.

4. Im vorgeheizten Backofen bei 225° C (Ober- und Unterhitze, auf unterer Schiene) 12–14 Minuten backen. Dann das Blech auf den Backofenboden stellen und weitere 4–5 Minuten backen.

5. Mit Schnittlauchröllchen bestreuen und sofort servieren.

Anmerkung: Je nach Geschmack, ob der Flammkuchen lieber eher weich oder knusprig gegessen wird, kann die Backzeit um einige Minuten verkürzt oder verlängert werden. Gegen Ende der Backzeit stets kontrollieren, damit der Teig nicht zu dunkel wird.

Tipp: *Auf meinem Blog www.rezepte-glutenfrei.de sehen Sie noch weitere Belag-Varianten für Flammkuchen.*

PAPRIKA-KÄSE-SCHNECKEN

DAS PIKANTE KLEINGEBÄCK ÜBERZEUGT DURCH DEN WEICHEN HEFETEIG UND DIE SAFTIG-AROMATISCHE FÜLLUNG.

Für ca. 12 Stück

- 1 Grundrezept „Pizzaboden – knusperdünn", siehe Seite 41

- 150 g Schmand (ggf. laktosefrei)
- ❖ *Schmandersatz auf Sojabasis*
- 150 g Emmentaler (ggf. laktosefrei), gerieben
- ❖ *Käsealternative, vegan, gerieben*
- 50 g Frühlingszwiebeln, fein gewürfelt
- ½ rote Paprikaschote, klein gewürfelt
- ½ grüne Paprikaschote, klein gewürfelt
- Salz
- Pfeffer
- zum Bestreichen: 1 Eigelb und 1 EL Sahne (ggf. laktosefrei)
- ❖ *Sahneersatz auf Mandelbasis*

1. Den Teig nach Rezept herstellen und auf einer bemehlten Arbeitsfläche zu einem 5 mm dünnen Rechteck ausrollen.
2. Schmand auf den Hefeteig streichen, Emmentaler, Frühlingszwiebeln und Paprikawürfel gleichmäßig darauf verteilen und mit Salz und Pfeffer würzen.
3. Den Teig von der Längsseite her aufrollen und Schnecken von ca. 2 cm dicke abschneiden. Diese auf ein mit Backpapier ausgelegtes Backblech legen. Eigelb und Sahne verquirlen und die Schnecken damit bestreichen. An einem warmen Ort ca. 25 Minuten aufgehen lassen.
4. Im vorgeheizten Backofen bei 190° C (Ober- und Unterhitze, auf mittlerer Schiene) in 25–30 Minuten goldgelb backen.

RAHMFLADEN

WÜRZIG BELEGTE BROTTEIGFLADEN SIND IDEAL ZUM ABENDESSEN ODER ZU WEIN UND GLUTENFREIEM BIER!

Für 4 Stück

Für den Teig:

- ½ Würfel Frischhefe ODER 1 P. Trockenhefe
- 200 ml Wasser, lauwarm
- 125 g Reismehl, hell
- 125 g Kartoffel- ODER Tapiokastärke
- 20 g Teffmehl
- 1 EL Flohsamenschalenpulver
- 1 TL Salz
- ½ TL Zucker
- 50 g Naturjoghurt (ggf. laktosefrei)
- ❖ *Joghurtalternative auf Soja- oder Kokosbasis*
- 1 EL Öl
- 1 TL Essig

Für den Belag:

- 3 Frühlingszwiebeln
- 80 g Schinken, geräuchert
- 200 g Schmand (ggf. laktosefrei)
- ❖ *Schmandersatz auf Sojabasis*
- Salz
- Pfeffer

1. Den Teig herstellen. Die Hefe, egal ob Frisch- oder Trockenhefe, im lauwarmen Wasser auflösen.
2. Reismehl, Stärke, Teffmehl, Flohsamenschalenpulver, Salz und Zucker in eine Rührschüssel geben und mischen. Hefewasser, Joghurt, Öl und Essig zugeben und alles zu einem Teig kneten.
3. Den Teig auf eine bemehlte Arbeitsfläche geben und mit bemehlten Händen kurz kneten, dann in 4 Stücke teilen. Jedes Teigstück zu einer Kugel formen und dann mit dem Nudelholz länglich und dünn ausrollen, sodass die ausgerollten Teigstücke auf ein Backblech passen. Die Teigfladen auf ein mit Backpapier ausgelegtes Backblech legen und an einem warmen Ort ca. 35 Minuten aufgehen lassen.
4. Unterdessen die Frühlingszwiebeln putzen, waschen und in kleine Ringe schneiden. Schinken klein würfeln.
5. Schmand gleichmäßig auf die Teiglinge streichen, mit Salz und Pfeffer würzen und mit Frühlingszwiebeln und Schinken belegen.
6. Im vorgeheizten Backofen bei 200° C (Ober- und Unterhitze, auf mittlerer Schiene) ca. 25 Minuten backen. Aus dem Ofen nehmen und genießen.

BROT

KASTANIENBROT

DAS BELIEBTESTE BROTREZEPT AUF MEINEM BLOG! DIE WUNDERBAR FEUCHTE UND SCHMACKHAFTE TEXTUR STEHT „NORMALEM" MISCHBROT UM NICHTS NACH.

Foto links

Für 1 Brot mit ca. 900 g

- 200 g Maronen, geschält und vorgekocht
- 100 ml Wasser
- ½ Würfel Frischhefe ODER 1 P. Trockenhefe
- 400 ml Wasser, lauwarm
- 1 EL Flohsamenschalenpulver
- 300 g glutenfreie Mehlmischung, hell
- 100 g Kastanienmehl
- 1 EL Essig
- 2 TL Salz

1. Maronen mit 100 ml Wasser pürieren.
2. Frisch- oder Trockenhefe in 200 ml lauwarmem Wasser auflösen.
3. Flohsamenschalenpulver in die restlichen 200 ml Wasser einrühren (das ist sehr wichtig, sonst wird der Teig zu weich!) und sofort mit ALLEN Zutaten in eine Schüssel geben und zu einem gleichmäßigen Teig verkneten. Hierzu eignet sich eine Küchenmaschine mit Knethaken sehr gut. Der Teig soll eine zähe und klebrige Textur aufweisen. Ist der Teig zu fest, mit etwas Wasser regulieren.
4. Den Teig mithilfe eines Teigschabers in ein bemehltes Gärkörbchen geben, da der Teig sehr klebrig ist. Mit etwas Wasser glatt streichen und an einem warmen Ort ca. 60 Minuten aufgehen lassen.
5. Den Teig auf ein mit Backpapier ausgelegtes Backblech stürzen und die Teigoberfläche mit Wasser bepinseln. Im vorgeheizten Backofen bei 250° C (Ober- und Unterhitze, auf mittlerer Schiene) 10–12 Minuten backen. Die Temperatur auf 180° C reduzieren und das Brot weitere 40 Minuten backen. Mittels Klopftest prüfen, ob das Brot durchgebacken ist. Es sollte hohl klingen, wenn man daraufklopft.
6. Das fertige Brot aus dem Ofen nehmen und auf einem Kuchengitter auskühlen lassen.

FOCACCIA

EIN GROẞES, WEICH-FLAUMIGES FLADENBROT MIT FEINEM ROSMARINAROMA! BELEGT MIT REIFEN TOMATEN WIRD DAS BROT ZUM KÖSTLICHEN HINGUCKER.

Für 1 Backblech (ca. 30 x 40 cm)

Für den Teig:

- 100 g Kartoffeln, mehlig-kochend
- 470 g glutenfreie Mehlmischung, hell
- 2 TL Salz
- 2 TL Flohsamenschalenpulver
- 1 TL Rosmarin, gehackt
- 1 Würfel Frischhefe ODER 2 P. Trockenhefe
- knapp 400 ml Wasser, lauwarm
- 250 g Quark, 20 % Fett, (ggf. laktosefrei)
- ❖ *225 g Seidentofu oder Quarkersatz auf Sojabasis*
- 2 EL Öl

Für den Belag:

- 1 Strang Kirschtomaten
- Salz, grob
- 2 Knoblauchzehen
- Olivenöl

1. Die Kartoffeln kochen, pellen und durch eine Kartoffelpresse drücken. Auskühlen lassen.
2. Mehl, Salz, Flohsamenschalenpulver und Rosmarin in eine Rührschüssel geben und mischen.
3. Die Hefe, egal ob Frisch- oder Trockenhefe, im lauwarmen Wasser auflösen. Hefewasser, Kartoffelschnee, Quark und Öl zum Mehlgemisch geben und alles zu einem glatten Teig verkneten.
4. Den Teig auf eine bemehlte Arbeitsfläche geben und mit bemehlten Händen kurz kneten. Ein Backblech mit Backpapier auslegen, den Teig daraufgeben und mit den Händen zu einem großen, ovalen Fladen auseinanderdrücken. Mit bemehlten Fingern kleine Mulden in den Teig drücken. An einem warmen Ort ca. 60 Minuten aufgehen lassen.
5. Knoblauch in kleine Stückchen schneiden. Nachdem sich der Teigfladen deutlich vergrößert hat, mit Olivenöl bepinseln und in die Mulden kleine Knoblauchstücke einlegen. Kirschtomaten im Ganzen auflegen und mit Salz bestreuen.
6. Das Backblech in den vorgeheizten Backofen bei 250° C (Ober- und Unterhitze, auf mittlerer Schiene) einschieben, sofort die Temperatur auf 225° C reduzieren und das Brot ca. 25 Minuten backen.

KARTOFFEL-TEFF-BROT

GANZ UNKOMPLIZIERT LÄSST SICH DAS BROT MIT DER MISCHBROTÄHNLICHEN, FEUCHTEN KRUME HERSTELLEN. UND ES BLEIBT ÜBER TAGE FRISCH!

Für 1 Brot mit ca. 800 g

- 180 g Kartoffeln, mehligkochend
- ½ Würfel Frischhefe ODER 1 P. Trockenhefe
- 450 ml Wasser, lauwarm
- 1 EL Flohsamenschalenpulver
- 300 g glutenfreie Mehlmischung, hell
- 100 g Teffmehl
- 1 EL Essig
- 2 TL Salz
- nach Geschmack: Brotgewürz
- etwas glutenfreies Mehl für das Gärkörbchen

1. Die Kartoffeln kochen, pellen und noch heiß durch eine Kartoffelpresse drücken. Auskühlen lassen.
2. Frisch- oder Trockenhefe in 250 ml lauwarmem Wasser auflösen.
3. Flohsamenschalenpulver in die restlichen 200 ml Wasser einrühren und SOFORT mit ALLEN Zutaten in eine Schüssel geben und zu einem gleichmäßigen Teig verkneten. Hierzu eignet sich eine Küchenmaschine mit Knethaken sehr gut.
4. Der Teig ist sehr zäh, deshalb den Teig mithilfe eines Teigschabers in ein GUT bemehltes Gärkörbchen geben. Mit etwas Wasser glatt streichen und an einem warmen Ort ca. 60 Minuten aufgehen lassen.
5. Den Teig vorsichtig auf ein mit Backpapier ausgelegtes Backblech stürzen und die Teigoberfläche mit Wasser bepinseln. Im vorgeheizten Backofen bei 250° C (Ober- und Unterhitze, auf mittlerer Schiene) 10–12 Minuten backen. Die Temperatur auf 180° C reduzieren und das Brot weitere 40 Minuten backen. Mittels Klopftest prüfen, ob das Brot durchgebacken ist. Es sollte hohl klingen, wenn man daraufklopft.
6. Das fertige Brot aus dem Ofen nehmen und auf einem Kuchengitter vollständig auskühlen lassen.

KAROTTEN-SAATEN-BROT

DAS GESUNDE UND BALLASTSTOFFREICHE BROT – FEINPORIG UND MIT SAFTIGER KRUME. DIE HERSTELLUNG IST AUF YOUTUBE UNTER „TANJA'S GLUTENFREIES KOCHBUCH" ZU SEHEN!

Für 1 Brot mit ca. 1200 g

- ¾ Würfel Frischhefe ODER 1,5 P. Trockenhefe
- 425 ml Wasser, lauwarm
- 200 g Reismehl, hell
- 100 g Kartoffelstärke
- 80 g Tapiokastärke
- 60 g Teffmehl
- 100 g Sonnenblumenkerne
- 60 g Leinsamen
- 40 g Chiasamen
- 1 EL Flohsamenschalenpulver
- 2 TL Pfeilwurzelstärke ODER Guarkernmehl ODER Johannisbrotkernmehl
- 2–2,5 TL Salz
- 1 TL Rohrohrzucker
- 80 g Magerquark (ggf. laktosefrei)

❖ *70 g Quarkersatz auf Sojabasis*

- 100 g Karotte, fein geraspelt
- 2 EL Öl
- 2 EL Essig

Für das Gärkörbchen:

- Saaten wie Sonnenblumenkerne, Leinsamen, Chiasamen
- Teff- oder Reismehl

1. Die Hefe, egal ob Trocken- oder Frischhefe, in der lauwarmen Flüssigkeit auflösen.
2. Alle trockenen Zutaten in eine Rührschüssel geben und mischen.
3. Hefewasser, Quark, Karottenraspel, Öl und Essig zum Mehlgemisch geben und alles zu einem glatten Teig verkneten. Der Teig soll eine zähe und klebrige Textur aufweisen.
4. Den Teig in ein SEHR GUT bemehltes und mit Saaten ausgestreutes Gärkörbchen einfüllen und an einem warmen Ort ca. 1,5 Stunden aufgehen lassen.
5. Den Teig aus dem Gärkörbchen auf ein mit Backpapier ausgelegtes Backblech stürzen. Im vorgeheizten Backofen bei 240° C (Ober- und Unterhitze, auf mittlerer Schiene) 20 Minuten backen. Dann die Temperatur auf 200° C reduzieren und das Brot weitere 40–45 Minuten backen.
6. Das fertige Brot aus dem Ofen nehmen. Um festzustellen, ob es durchgebacken ist, auf die Brotunterseite klopfen, es muss hohl klingen. Das Brot auf einem Kuchengitter auskühlen lassen und das überschüssige Mehl abklopfen.

FLADENBROT AUS DER PFANNE

BEREITEN SIE DAS FLADENBROT MIT ODER OHNE FERTIGMEHL ZU! ES IST EIN PERFEKTER BEGLEITER ZU INDISCHEN GERICHTEN, ALS KLASSISCHER BROTERSATZ ODER ZU GEGRILLTEM!

Für 8 Fladenbrote

Zubereitung mit Fertigmehl:

- 15 g Frischhefe ODER ½ P. Trockenhefe
- 200 ml Wasser, lauwarm
- 260 g glutenfreie Mehlmischung, hell
- 50 g Schmand (ggf. laktosefrei)

❖ *Schmandersatz auf Sojabasis*

- 1 EL Öl
- 1 TL Salz
- Öl für die Pfanne

Zubereitung mit selbst gemachter Mehlmischung:

- ½ Würfel Frischhefe ODER 1 P. Trockenhefe
- 190 ml Wasser, lauwarm
- 85 g Reismehl, hell
- 60 g Kartoffelstärke
- 45 g Goldhirsemehl
- 40 g Reismehl, Vollkorn
- 40 g Reisstärke
- 2 TL Flohsamenschalenpulver
- 1 gestr. TL Xanthan
- 35 g Schmand (ggf. laktosefrei)

❖ *Schmandersatz auf Sojabasis*

- 1 TL Salz
- ½ TL Zucker
- 1 EL Öl
- 1 TL Essig
- Öl für die Pfanne

1. Die Hefe, egal ob Frisch- oder Trockenhefe, im lauwarmen Wasser auflösen.
2. Alle trockenen Zutaten in eine Rührschüssel geben und mischen. Die restlichen Zutaten zum Mehlgemisch geben und alles einige Minuten zu einem glatten Teig verkneten.
3. Den Teig auf eine bemehlte Arbeitsfläche geben und in 8 Stücke teilen. Jedes Teigstück zu einer Kugel formen, gut bemehlen und mit einem Nudelholz ca. 5 mm dünn zu einem Fladen ausrollen. Die Teigfladen auf ein mit Backpapier ausgelegtes Backblech geben und an einem warmen Ort ca. 25 Minuten aufgehen lassen.
4. Eine beschichtete Pfanne erhitzen und dünn mit Öl bepinseln. Die Fladen nacheinander von beiden Seiten jeweils 3–4 Minuten braten. Immer wieder wenden, damit die Teigfladen nicht zu dunkel werden.

KASTENWEIẞBROT

EGAL OB SÜẞ ODER HERZHAFT BELEGT – DAS HELLE BROT MIT WEICHER KRUME EIGNET SICH FÜR JEDEN BELAG.

Für 1 Kastenform mit 25 cm Länge = ca. 800 g

- ¾ Würfel Frischhefe ODER 1,5 P. Trockenhefe
- 460 ml Wasser, lauwarm
- 165 g Reismehl, hell
- 110 g Kartoffelstärke
- 80 g Tapiokastärke
- 65 g Reisstärke
- 50 g Goldhirsevollkornmehl
- 1,5 TL (6 g) Xanthan
- 1 EL (10 g) Flohsamenschalenpulver
- 1,5 TL Salz
- 1 TL Zucker
- 35 g Butter (ggf. laktosefrei), flüssig

❖ *Margarine, vegan*

- 1 EL Essig

1. Die Hefe, egal ob Frisch- oder Trockenhefe, im lauwarmen Wasser auflösen.
2. Alle trockenen Zutaten in eine Rührschüssel geben und mischen. Hefewasser, Butter und Essig zugeben und alles einige Minuten zu einem glatten Teig kneten. Hierzu eignet sich eine Küchenmaschine oder ein Handrührgerät mit Knethaken sehr gut. Den Teig in der Schüssel belassen, mit einem Geschirrtuch abdecken und 15 Minuten ruhen lassen.
3. Anschließend den Teig nochmals gut kneten und dann in eine mit Backpapier ausgelegte Kastenform einfüllen. Den Teig mithilfe eines Teigschabers und etwas Wasser glatt streichen. An einem warmen Ort ca. 35 Minuten aufgehen lassen.
4. Den Backofen auf 225° C (Ober- und Unterhitze) vorheizen und ein Backblech auf den Backofenboden stellen.
5. Die Kastenform auf mittlerer Schiene in den Backofen schieben und sogleich ca. 100 ml Wasser in das Backblech auf den Backofenboden gießen. ***Achtung: Backofentür sofort verschließen, es entwickelt sich rasch ein Dampfstoß!*** Das Brot bei 225° C ca. 35 Minuten backen, dann die Temperatur auf 190° C (Ober- und Unterhitze) reduzieren und das Brot weitere 30–35 Minuten backen. Wird die Brotoberfläche zu dunkel, das Brot mit Backpapier abdecken.
6. Das fertige Brot aus dem Ofen nehmen und auf einem Kuchengitter komplett auskühlen lassen.

KNÄCKEBROT

KNUSPRIG, BALLASTSTOFFREICH UND GUT SÄTTIGEND!

Für 1 Backblech (ca. 30 x 40 cm)

- 60 g glutenfreie Haferflocken
- 30 g Reisvollkornmehl
- 25 g Sonnenblumenkerne
- 25 g Leinsamen, geschrotet
- 25 g Sesam
- 15 g Mohn
- 15 g Kartoffel- ODER Tapiokastärke
- 15 g Teff- ODER Kastanienmehl
- ½ TL Flohsamenschalenpulver
- ¼ TL Salz
- 1 EL Olivenöl
- 200 ml Wasser

1. Alle trockenen Zutaten in eine Rührschüssel geben und mischen.
2. Olivenöl und Wasser zufügen und alles zu einer gleichmäßigen Masse verrühren.
3. Ein Backblech mit Backpapier auslegen und den Teig zügig mithilfe eines Teigschabers dünn darauf verteilen. Damit sich der Teig einfacher verstreichen lässt, den Teigschaber immer wieder mit Wasser benetzen.
4. Das Backblech in den vorgeheizten Backofen bei 160° C (Ober- und Unterhitze) auf mittlerer Schiene einschieben und 15 Minuten backen. Anschließend den Teig mithilfe eines Pizzaschneiders in gleichmäßige Stücke schneiden und weitere 45–50 Minuten backen. Das fertige Knäckebrot soll schön kross sein! Bei Bedarf noch einige Minuten im Backofen belassen.
5. Das Knäckebrot auskühlen lassen und luftdicht verpacken. So schmeckt es über Tage hinweg frisch und lecker.

Tipp: *Wer mag, kann gleich die doppelte Menge an trockenen Zutaten für das Knäckebrot mischen. So muss beim nächsten Backen lediglich Öl und Wasser zugegeben werden und das Abwiegen der einzelnen Zutaten entfällt.*

KNOBLAUCH-KRÄUTER-ZUPFBROT

DIE LUFTIGEN BROTSCHEIBEN, MIT WÜRZIGEN ZUTATEN VERFEINERT, SIND NICHT NUR ALS GRILLBEILAGE BELIEBT. DIE HERSTELLUNG IST AUF YOUTUBE UNTER „TANJA'S GLUTENFREIES KOCHBUCH NACHZUSEHEN.

Für 1 Kastenform mit ca. 25–30 cm Länge

Für den Teig:

- 1 Würfel Frischhefe ODER 2 P. Trockenhefe
- 400 ml Wasser, lauwarm
- 500 g glutenfreie Mehlmischung, hell
- 2 TL Flohsamenschalenpulver ODER 2 gestr. TL Xanthan
- 1,5 TL Salz
- 4 EL Öl

Für die Knoblauch-Kräuter-Butter:

- 125 g Butter (ggf. laktosefrei), sehr weich

❖ *Margarine, vegan*

- 2 EL Schnittlauchröllchen
- 2 EL Petersilie, fein gewiegt
- 3–4 Zehen Knoblauch, durch eine Knoblauchpresse gedrückt
- Salz
- Pfeffer

1. Alle Zutaten für die Knoblauch-Kräuter-Butter verrühren.
2. Für den Teig die Hefe im lauwarmen Wasser auflösen. Alle trockenen Zutaten in eine Rührschüssel geben und mischen. Die restlichen Zutaten zum Mehlgemisch geben, auch das Hefewasser, und alles zu einem Teig kneten.
3. Den Teig auf eine bemehlte Arbeitsfläche geben und mit bemehlten Händen kurz kneten. Anschließend auf der gut bemehlten Arbeitsfläche 5 mm dünn zu einem Rechteck ausrollen. Den Teig gleichmäßig mit der Knoblauch-Kräuter-Butter bepinseln. Ca. 2 TL Knoblauch-Kräuter-Butter zurückbehalten.
4. Mit einem Messer oder Pizzaschneider den Teig in Stücke schneiden, sodass diese Stücke etwa der Breite und Höhe einer Kastenform entsprechen.
5. Die Kastenform mit Backpapier auskleiden. Die Teigscheiben nun aufeinanderlegen und sogleich hochkant in die Form stellen. Es darf etwas Platz zwischen den Teigscheiben und der Form bestehen, der Teig geht noch auf und füllt dann die Kastenform aus. Die restliche Knoblauch-Kräuter-Butter auf die Teigscheiben geben. An einem warmen Ort ca. 45 Minuten aufgehen lassen.
6. Das Zupfbrot im vorgeheizten Backofen bei 200° C (Ober- und Unterhitze, auf mittlerer Schiene) 40–45 Minuten backen. Das fertige Zupfbrot mitsamt dem Backpapier aus der Form nehmen und auf einem Kuchengitter auskühlen lassen.

Tipp 1: *Wer mag, kann die heiße Zupfbrot-Oberfläche nochmals mit etwas Butter oder Margarine bepinseln. So erhält die Teigoberfläche eine glänzende, schmackhafte Oberfläche.*

Tipp 2: *Wird eine Kastenform mit ca. 25 cm Länge verwendet, wird das Zupfbrot höher. Wird eine Kastenform mit 30 cm Länge verwendet, bleibt das Zupfbrot niedriger, ist aber dafür länger.*

LANDBROT MIT MOHN

BROTLIEBHABER AUFGEPASST – DIESES REZEPT LÄSST KEINE WÜNSCHE OFFEN! KRUSTE UND KRUME ÄHNELN MISCHBROT VOM BÄCKER.

1. Maronen und 35 ml Wasser pürieren, sodass eine sehr feine Maronenmasse entsteht.
2. Die Hefe, egal ob Frisch- oder Trockenhefe, im lauwarmen Wasser auflösen.
3. Alle trockenen Zutaten in eine Rührschüssel geben und mischen.
4. Hefewasser, Maronenpüree, Öl und Essig zum Mehlgemisch geben und alles 5 Minuten zu einem glatten Teig kneten. Der Teig darf nicht zu weich sein, er soll sich gut zu einem Laib formen lassen.
5. Den Teig auf eine bemehlte Arbeitsfläche geben, kurz mit den Händen kneten und zu einem ovalen Teigling formen. Den Teig auf ein mit Backpapier ausgelegtes Backblech legen, die Teigoberfläche mit einer Gabel mehrfach einstechen und an einem warmen Ort ca. 45 Minuten aufgehen lassen.
6. Den Backofen auf 240° C (Umluft) vorheizen. Den Teigling mit verquirltem Ei bepinseln und mit Mohn bestreuen, dann im Ofen 20 Minuten backen. Anschließend die Temperatur auf 190° C (Umluft) reduzieren und das Brot weitere 30–35 Minuten backen. Mittels Klopftest prüfen, ob das Brot durchgebacken ist. Es muss hohl klingen, wenn man auf die Brotunterseite klopft.
7. Das fertige Brot auf einem Kuchengitter komplett auskühlen lassen.

Für 1 Brot mit ca. 700 g

- 65 g Maronen, geschält und vorgekocht
- 35 ml Wasser
- ½ Würfel Frischhefe ODER 1 P. Trockenhefe
- 275 ml Wasser, lauwarm
- 100 g Reismehl, hell
- 80 g Kartoffelstärke
- 30 g Goldhirsemehl
- 30 g Reismehl, Vollkorn
- 30 g Teffmehl
- 30 g Kastanienmehl
- 1,5 EL (15 g) Flohsamenschalenpulver
- 2 TL Salz
- 1 TL Zucker
- nach Geschmack: 1 TL Brotgewürz
- 2 EL Öl
- 1 EL Essig

Außerdem:

- 1 Ei, verquirlt
- 1–2 EL Mohn, ganz

MANDEL-MARONEN-BROT

DAS BROT ÜBERZEUGT DURCH DIE FEUCHTE, MISCHBROTÄHNLICHE KRUME UND DEN NUSSIG-AROMATISCHEN GESCHMACK!

Für 1 Brot mit ca. 800 g

- 100 g Maronen, geschält und vorgekocht
- 50 ml Wasser
- ½ Würfel Frischhefe ODER 1 P. Trockenhefe
- 400 ml Wasser
- 1 EL Flohsamenschalenpulver
- 200 g Mandelmehl
- 100 g Kastanienmehl
- 75 g Amarant, gepufft
- 30 g Leinsamen, gemahlen
- 1 EL Essig
- 2 TL Salz

1. Maronen mit 50 ml Wasser pürieren.
2. Frisch- oder Trockenhefe in 200 ml lauwarmem Wasser auflösen.
3. Flohsamenschalenpulver in die restlichen 200 ml Wasser einrühren (das ist sehr wichtig, sonst wird der Teig zu weich!) und sofort mit ALLEN Zutaten in eine Schüssel geben und zu einem gleichmäßigen Teig verkneten. Hierzu eignet sich eine Küchenmaschine mit Knethaken sehr gut.
4. Den Teig mithilfe eines Teigschabers in ein bemehltes Gärkörbchen geben. An einem warmen Ort ca. 60 Minuten aufgehen lassen.
5. Den Teig auf ein mit Backpapier ausgelegtes Backblech stürzen und die Teigoberfläche mit Wasser bepinseln. Im vorgeheizten Backofen bei 250° C (Ober- und Unterhitze, auf mittlerer Schiene) 10–12 Minuten backen. Die Temperatur auf 180° C reduzieren und das Brot weitere 40 Minuten backen.
6. Das fertige Brot aus dem Ofen nehmen und mittels Klopftest prüfen, ob das Brot durchgebacken ist. Es sollte hohl klingen, wenn man daraufklopft. Das Brot auf einem Kuchengitter komplett auskühlen lassen.

Tipp: *Wem das Brot zu saftig ist, kann den Brotlaib über Nacht offen liegen lassen, so schwindet etwas Feuchtigkeit, ohne dass das Brot austrocknet.*

QUINOA-BROT

DURCH DAS QUINOA-BRÜHSTÜCK ERHÄLT DAS BROT EINE BESONDERS FEUCHTE UND WOHLSCHMECKENDE TEXTUR.

Für 1 Kastenform mit 25 cm Länge = ca. 900 g

Für das Brühstück:

- 100 g Quinoa, ganz
- 350 ml Wasser

Für den Teig:

- ½ Würfel Frischhefe ODER 1 P. Trockenhefe
- 350 ml Wasser, lauwarm
- 110 g Reismehl, hell
- 80 g Kartoffelstärke
- 80 g Reisvollkornmehl
- 60 g Tapiokastärke
- 60 g Quinoa-Mehl
- 1 geh. EL Flohsamen-schalenpulver
- 2 TL Pfeilwurzelstärke*
- 2 TL Salz
- ½ TL Zucker
- 3 EL Öl
- 1 EL Essig

* Anstatt Pfeilwurzelstärke kann auch Guarkernmehl oder Johannisbrotkernmehl verwendet werden.

1. Das Brühstück herstellen. Quinoa mit 350 ml Wasser 15 Minuten köcheln, dann abkühlen lassen.
2. Die Hefe, egal ob Frisch- oder Trockenhefe, im lauwarmen Wasser auflösen.
3. Alle trockenen Zutaten in eine Rührschüssel geben und mischen. Brühstück, Öl, Essig und Hefewasser zugeben und alles zu einem glatten Teig verkneten. Der Teig darf nicht zu fest sein und soll eine klebrige Textur aufweisen.
4. Eine Kastenform mit Backpapier auslegen und den Teig hineingeben. An einem warmen Ort ca. 60 Minuten aufgehen lassen.
5. Den Teigling in den vorgeheizten Backofen einschieben und bei 240° C (Ober- und Unterhitze, auf mittlerer Schiene) 30 Minuten backen. Die Temperatur auf 190° C reduzieren und das Brot weitere 30–35 Minuten backen.
6. Das fertige Brot mitsamt dem Backpapier aus der Form nehmen und auf einem Kuchengitter komplett auskühlen lassen.

***Tipp:** Besonders schön sieht das Brot aus, wenn die Teigoberfläche mit geschroteten glutenfreien Körnern oder Saaten bestreut wird. Hierzu die Backform befetten und üppig mit geschroteten glutenfreien Körnern oder Saaten ausstreuen. Den Teig in die Kastenform füllen und die Teigoberfläche ebenfalls bestreuen.*

SAUERTEIGANSATZ

Auch wenn die Herstellung des Sauerteigansatzes einige Tage in Anspruch nimmt, der Aufwand lohnt sich! Sauerteig verleiht Brot einen angenehm säuerlichen Geschmack und bringt eine überaus saftige Textur hervor. So bleibt glutenfreies Brot auch nach Tagen noch frisch und saftig!

- 200 g Teffmehl, Reisvollkornmehl, Quinoamehl oder Buchweizenmehl
- ca. 250–350 ml Wasser

Die Wassermenge ist abhängig von der verwendeten Mehlsorte! Jede Mehlsorte benötigt eine unterschiedliche Flüssigkeitsmenge. Es soll ein weicher, cremiger, gut rührbarer Teig entstehen, aber dennoch nicht flüssig! Für Reisvollkornmehl wird eine Wassermenge von ca. 250 ml benötigt, für Teffmehl hingegen dürfen es ca. 350 ml Wasser sein.

1. Tag: Mehl und Wasser in eine saubere, fettfreie Schüssel geben und zu einer glatten Masse verrühren. Am besten gegen Abend, da der Sauerteig 2,5 Tage (ca. 60 Stunden) stehen muss. Die Mischung soll eine schöne, cremige Textur aufweisen, bei Bedarf noch etwas Wasser zufügen.
Die Schüssel mit einem Teller abdecken und bei Zimmertemperatur stehen lassen.

2. Tag: Mit einem sauberen Löffel früh, mittags und abends die Masse kurz rühren.

3. Tag: Mit einem sauberen Löffel früh, mittags und abends die Masse kurz rühren.

4. Tag: Am Morgen den Sauerteig für 4 Stunden an einem warmen Ort (30–35 Grad) stehen lassen. Hierzu eignet sich der Backofen sehr gut. ***Achtung:*** Der Ofen darf nicht zu heiß sein! Am besten den Ofen kurz auf 50° C aufheizen, einige Minuten warten, bis eine milde Wärme zu spüren ist, und dann bei eingeschaltetem Ofenlicht, diese Wärme ist ausreichend, den Sauerteigansatz im Ofen stehen lassen.
Nun 3 EL Sauerteig in ein sauberes Schraubglas einfüllen und diesen Ansatz für den nächsten Sauerteig verschlossen im Kühlschrank aufbewahren. Dieser hält sich etwa eine Woche. Den restlichen Sauerteig gleich verbacken.

Aktivierung des Sauerteigansatzes:

200 g glutenfreies Mehl (siehe oben) und 250–350 ml Wasser mit dem Sauerteigansatz in eine Schüssel geben und verrühren. 12 bis 14 Stunden bei Zimmertemperatur stehen lassen. Dann ist der neue Sauerteig fertig. Wieder 3 EL Sauerteig für den nächsten Sauerteig in ein sauberes Schraubglas einfüllen, verschließen und kühl stellen.

SAUERTEIGMISCHBROT

EIN RICHTIG SAFTIGES BROT! DAMIT DIE HERSTELLUNG KINDERLEICHT GELINGT, SEHEN SIE AUF YOUTUBE UNTER „TANJA'S GLUTENFREIES KOCHBUCH" EINE VIDEOANLEITUNG!

Für 1 Brot mit ca. 850 g

- 1 Grundrezept „Sauerteigansatz", siehe Seite 150

- 100 g Reismehl, hell
- 65 g Reis- ODER Maisstärke
- 65 g Kartoffel- ODER Tapiokastärke
- 50 g Teffmehl
- 1 EL Flohsamenschalenpulver
- 2 TL Salz
- 1 TL Rohrohrzucker
- ½ Würfel Frischhefe ODER 1 P. Trockenhefe
- ca. 250 ml Wasser, lauwarm
- 1 EL Öl
- etwas Reismehl für das Gärkörbchen

1. Vom Sauerteig 3 EL abnehmen, in ein Schraubglas einfüllen und verschlossen im Kühlschrank für den nächsten Sauerteigansatz aufbewahren.
2. Alle trockenen Zutaten in eine Rührschüssel geben und mischen.
3. Die Hefe, egal ob Frisch- oder Trockenhefe, im lauwarmen Wasser auflösen und mit Sauerteig und Öl zum Mehlgemisch geben. Alle Zutaten gut verkneten. Der Teig soll weich, aber dennoch knetbar sein. Der Flüssigkeitsbedarf ist abhängig von der Beschaffenheit des Sauerteigs. Bei Bedarf mit etwas Wasser oder Reismehl regulieren.
4. Den Teig in ein gut bemehltes Gärkörbchen geben und ca. 1,5 Stunden an einem warmen Ort aufgehen lassen.
5. Den Teig vorsichtig aus dem Gärkörbchen auf ein mit Backpapier ausgelegtes Backblech stürzen.
6. Im vorgeheizten Backofen bei 240° C (Ober- und Unterhitze, auf mittlerer Schiene) 25 Minuten backen. Die Temperatur auf 200° C reduzieren und das Brot weitere 40–45 Minuten backen. Das fertige Brot aus dem Ofen nehmen und mittels Klopftest prüfen, ob das Brot durchgebacken ist. Es muss hohl klingen, wenn man auf das Brot klopft.
7. Das Brot auf einem Kuchengitter komplett auskühlen lassen.

SAATEN-SAUERTEIG-BROT

SAUERTEIG VERFEINERT DAS BROT MIT SEINEM TYPISCHEN, LEICHT SÄUERLICHEN AROMA UND HÄLT ES ÜBER TAGE HINWEG FRISCH.

Für 1 Brot mit ca. 800 g

- 1 Grundrezept „Sauerteigansatz", siehe Seite 150

- 80 g Reis- ODER Maisstärke
- 50 g Kartoffel- ODER Tapiokastärke
- 40 g Teffmehl
- 100 g Ölsaaten (Chiasamen, Leinsamen, Kürbiskerne, Sesam, Sonnenblumenkerne)
- 1 EL Flohsamenschalenpulver
- 2 TL Salz
- 1 TL Rohrzucker
- ½ Würfel Frischhefe ODER 1 P. Trockenhefe
- 250 ml Wasser, lauwarm
- etwas Teffmehl für das Gärkörbchen

1. Vom Sauerteig 3 EL abnehmen, in ein sauberes Schraubglas einfüllen und verschlossen im Kühlschrank für den nächsten Sauerteigansatz aufbewahren.
2. Alle trockenen Zutaten in eine Rührschüssel geben und mischen.
3. Die Hefe, egal ob Frisch- oder Trockenhefe, im lauwarmen Wasser auflösen und mit dem Sauerteig zum Mehlgemisch geben. Alle Zutaten gut verkneten. Der Teig soll eine zähe, klebrige Textur aufweisen. Bei Bedarf mit etwas Wasser oder glutenfreiem Mehl regulieren.
4. Den Teig in ein gut bemehltes Gärkörbchen geben und ca. 2 Stunden an einem warmen Ort aufgehen lassen.
5. Den Teig vorsichtig aus dem Gärkörbchen auf ein mit Backpapier ausgelegtes Backblech stürzen.
6. Im vorgeheizten Backofen bei 240° C (Ober- und Unterhitze, auf mittlerer Schiene) 20 Minuten backen. Die Temperatur auf 200° C reduzieren und das Brot weitere 40–45 Minuten backen.
7. Das fertige Brot aus dem Ofen nehmen und mittels Klopftest prüfen, ob das Brot durchgebacken ist. Das Brot muss hohl klingen, wenn man daraufklopft. Auf einem Kuchengitter komplett auskühlen lassen.

KRUSTENBROT

AUẞEN HERRLICH KROSS, INNEN WEICH UND MIT MISCHBROTÄHNLICHER TEXTUR. EIN TOLLES BROT FÜR JEDE GELEGENHEIT!

Für 1 Brot mit ca. 400 g

- ½ Würfel Frischhefe ODER 1 P. Trockenhefe
- 225 ml Wasser, lauwarm
- 130 g Kartoffel- ODER Tapiokastärke
- 80 g Reismehl, hell
- 20 g Teffmehl
- 1 P. Backpulver
- 2 TL Flohsamenschalenpulver
- 1 TL Johannisbrotkernmehl
- 1 TL Salz
- ½ TL Zucker
- 2 EL Öl
- 1 EL Essig
- etwas Reismehl für die Arbeitsfläche

1. Die Hefe, egal ob Trocken- oder Frischhefe, im lauwarmen Wasser auflösen.
2. Alle trockenen Zutaten in eine Rührschüssel geben und mischen. Alle restlichen Zutaten, auch das Hefewasser, zum Mehlgemisch geben und alles mit einem Handrührgerät (Knethaken) oder einer Küchenmaschine 15–20 Minuten kräftig kneten. Die lange Knetzeit ist sehr wichtig, damit der Teig eine gute und formstabile Teigstruktur erhält! Bei einer kürzeren Knetzeit bleibt das Brot eher flach und kompakt.
3. Etwas Reismehl auf die Arbeitsfläche geben. Den Teig mithilfe eines Teigschabers auf das Reismehl geben. ***Achtung:*** Den Teig nur mit bemehlten Händen bearbeiten, da er sehr klebt! Großzügig Reismehl auf den Teig streuen und den Teig lediglich ein- bis zweimal in sich verdrehen, dabei länglich formen und sofort auf ein mit Backpapier ausgelegtes Backblech legen.
4. Das Backblech in den KALTEN Ofen einschieben, dann den Ofen auf 220° C (Ober- und Unterhitze) aufheizen. Das Brot 35–40 Minuten auf mittlerer Schiene backen. Für ein richtig krosses Ergebnis das Brot 40–42 Minuten backen.

Tipp 1: *Nach Geschmack 60 g Saaten wie Leinsamen, Sesam, Mohn, Sonnenblumenkerne oder Chiasamen unter den Teig kneten. Auch glutenfreie Röstzwiebeln, getrocknete Tomaten, Oliven oder Speckwürfel verfeinern das Brot hervorragend!*

Tipp 2: *Wer mag, kann das Brot am nächsten Tag im Backofen oder Toaster aufbacken, dann ist es wieder wunderbar knusprig.*

REZEPTREGISTER A–Z

DIE AUTORIN

Tanja Gruber, 1978 in Ansbach (Mittelfranken) geboren, arbeitet als Ernährungsberaterin und ist selbst von Zöliakie betroffen. Ihr Food-Blog „Tanja's glutenfreies Kochbuch" zählt zu den bekanntesten Glutenfrei-Rezeptseiten im deutschsprachigen Raum. Mit Herzblut und Leidenschaft veröffentlicht sie stets neue schmackhafte und verträgliche Rezepte.

www.rezepte-glutenfrei.de

Bildnachweise

Alle Fotos: Stefanie Stahl; außer Seite 9: designation; Seite 12: M.Doerr_M.Frommherz/Fotolia; Seite 15: Lightfield Studios/Fotolia; Seite 17: Olyina/Depositphotos; Seite 19: AsierRomeroCarballo/Depositphotos; Seite 20: HandmadePictures/Fotolia, istock, woyzzeck/Fotolia; Seite 27: istetiana/shutterstock; Seite 29: Lwinston/Fotolia; Seite 31: Syda Productions/shutterstock; Seite 35: vikif/istock; Seite 36: CGissemann/shutterstock; Seite 37: vanilla/istock; Seite 41: lauripatterson/istock; Seite 42: Sea Wave/Fotolia; Seite 43: Iuliia/Depositphotos; Seite 44: Joerg Beuge/shutterstock; Seite 46: Maryna Pleshkun/shutterstock; Seite 48: Jacek Chabraszewski/Fotolia; Seite 58: yuliiaholovchenko/Fotolia; Seite 60: ohne Angaben/shutterstock; Seite 63: Szakaly/Depositphotos; Seite 65: Elena Veselova/shutterstock; Seite 81: matka_Wariatka/Depositphotos; Seite 106: Magdalena Kucova/shutterstock; Seite 111: AGfoto/shutterstock; Seite 112: Susiwe/Fotolia; Seite 119: Profotokris/Fotolia; Seite 120: ajafoto/Depositphotos; Seite 132: ann_1101.mail.ru/Depositphotos; Seite 149: Peter Barci; Seite 150: Magdalena Paluchowska/shutterstock; Seite 152: Jiri Hera/Fotolia.

Schär
GLUTEN-FREE